기획이란 무엇인가

일을 재미있게 논리적으로 풀어내는 기술
기획이란 무엇인가

| 길영로 지음 |

What is Planning

페가수스

머 · 리 · 말

"너 또 한국영화 찍었냐?"

"놀고 있네, 또 소설 썼구만?"

사원 시절, 며칠 밤을 새가며 기획 안을 만들어 올리고 나서 상사들로부터 들은 소리다. 요즘 한국영화는 스토리가 정말 탄탄하다. 그러나 예전에는 왜 갑자기 그 장면이 나왔는지 이해가 안 되고 진부하게 느껴지는 장면이 많았다. 어느 영화를 보건 남녀가 데이트할 때 꼭 나오는 장면이 "나 잡아봐라."였다.

사원 시절 상사로부터 지시를 받으면, 작년 기획서나 보고서를 가져다가 올해로 날짜 바꾸고 담당자 이름을 바꾼 다음 내용을 살짝 수정해서 보고하곤 했다. 그러면 여지없이 편잔을 들었다. "야, 세월이 1년이나 지났어! 내용이 너무 진부하잖아. 너 자꾸 한국영화 찍을래?" "있는 아이디어라고 네 맘대로 다 갖다 집어넣으면 되는 줄 알아? 로직이 없잖아, 로직이!" "이건 네 생각이고, 팩트가 없잖아! 또 소설 썼구만?" 이 책은 사원 시절, 내가 좌충우돌하며 겪은 경험과 그 후 깨닫게 된 일의 본질, 그 중에서도 기획의 정석을 정리한 것이다.

기획의 3요소는 '플래닝(Planning)' '메이킹(Making)' '프레젠테이션(Presentation)'이다. '플래닝'은 말 그대로 어떤 사안에 대해 기획하는 것이다. 기획을 끝낸 후에는 기획서 작성에 들어간다. 기획한 것을 기획서로 완성한다는 의미에서 '메이킹'이라고 한다. 기획서를 완성하고 나면 마지막으로 '프레젠테이션'을 한다. 상사나 클라이언트에게 제안해서 설득하는 단계다. 이 책은 이 같은 기획의 3요소 중 그 핵심인 '플래닝'에 대해 다룬다. 기획이란 무엇이고, 기획의 프로세스와 방법론은 무엇인지를 밝히는 것이 이 책의 목적이다.

제1부에서는 '기획이란 무엇인가?'에 대한 대답 즉, 기획의 기본에 대해 정리하였다. 이를 위해 가장 먼저 '기획' 그리고 '기획을 할 때 필요한 핵심용어'를 정의 내렸다. 용어를 정의하는 것이 논리적인 일 처리의 출발점이기 때문이다. 기업에서 직장인들을 대상으로 강의할 때 "목적과 목표가 무엇이고 서로 어떻게 다를까요?" 하고 질문하면, 정확하게 대답하는 사람이 많지 않다. 대부분의 사람들이 둘을 혼용해서 사용한다. 용어를 정

확하게 정의하지 않으면 생각을 잘 정리할 수 없고, 논리를 제대로 전개할 수도 없다.

일을 하다 보면 두 세시간만에 해치워야 하는 일이 있고 시일이 걸리는 일도 있다. 신속하게 처리해야 하는 일은 문제해결형 기획의 프로세스를 밟으면 되고, 시일이 필요한 일은 가설검증형 기획의 프로세스에 따라 처리하면 된다.

제2부에서는 문제해결형 기획의 프로세스와 방법론 그리고 기획의 전반적인 사항을 다룬다. 상사로부터 지시를 받으면 어떻게 방향을 잡고 어떻게 끝내야 하는지, 그런 뒤에 어떻게 실행으로 옮겨야 하는지를 소개하였다. 빠르고 로지컬하게 문제를 해결하는 방법이라고 보면 될 것 같다. 제2부는 기획 경험이 많지 않은 독자들에게 특히 도움이 될 것이다.

제3부에서는 가실검증형 기획의 프로세스와 방법론을 다룬다. 상사로부터 지시를 받았지만 어디서부터 시작해서 어떻게 풀어가야 할지 막막할 때가 있다. 여러 가지 정보도 수집하고 머릿속에 이 생각 저 생각은 떠오르지만 진도가 조금도 안 나간다. 이런 경우에는 일의 시작 단계에서 문제의 전체 상을 그려낼 수 있는 힘이 필요하다. 문제의 전체 상을 파악하고 짧은 시간 내에 결론을 도출하여 최적의 의사결정을 내리는 능력이 가설검증력이다. 가설을 구축하고 검증하는 기획의 프로세스와 방법론을

자유자재로 다룰 수 있게 되면, 그 누구나 인정하는 기획의 달인이 될 수 있을 것이다.

　세계화, 국경 없는 사회(Borderless Society), 무한경쟁시대라는 말이 등장한 지 오래다. 젊은 시절 무하마드 알리의 권투, 김일의 레슬링, 이만기의 씨름에 열광했었다. 그런데 지금은 효도르다. 권투, 태권도, 유도, 씨름, 레슬링 다 필요 없다. 영역이 없어졌다. '절대 강자가 누구인가?' 이것이 중요하다. TV에서는 〈나는 가수다〉처럼 경쟁을 통해 생존하는 프로그램들이 인기를 끌고 있다. 한국의 케이팝(K-pop)이 인터넷을 타고 전 세계를 강타하고 있다. 노래, 춤, 외모 3박자를 겸비한 새로운 가수들의 등장에 전 세계의 젊은이들이 열광한다. 그야말로 국경 없는 무한 경쟁의 시대다. 과거에는 기업들이 글로벌 일류기업의 기술력과 품질력을 재빨리 쫓아가는 '패스트 팔로어(Fast Follower)' 전략을 썼다. 그러나 이제는 지금까지 나온 적 없는 새로운 제품이나 서비스로 시장의 틀을 바꿔야 한다며 시장을 선도하는 '퍼스트 무버(First Mover)'가 되겠다고 선언하고 있다.

　세상은 이토록 빠르게 무한경쟁의 시대로 치닫고 있는데, 지금 당신의 현실은 어떠한가? 세상의 속도에 맞추어 자기 자신을 끊임없이 업그레이드 하고 있는가? 미래가 고민되지만 나아갈 방향을 찾지 못하고 헤매는 비즈니스맨들이 이 책을 통해 새로운 시야를 갖게 되기를 바란다. 일을 바라보는 새로운 시야를 확보하여 비즈니스계의 절대 강자, '퍼스트 무버'가 되기를 바란다.

"10년 뒤에 당신은 어떤 사람이 되어 있을 것 같습니까?"
대학 졸업 후, SK그룹 경영기획실에 입사하기 위해 면접을 볼 때 받은 질문이다.
"어렸을 때부터 일본어를 독학해 고등학교, 대학시절에 일본 책을 많이 읽었습니다. 그 책들을 읽기 전까지만 해도 책은 교수님이나 박사님들만 쓰는 줄 알았습니다. 그런데 일본에는 20~30년씩 실무를 경험한 전문가들의 책이 많았습니다. 그 책들이 진로를 선택하는 데 많은 도움을 주었습니다. 저도 실무를 철저하게 익혀서 전문가가 되고 싶습니다. 그래서 10년 뒤에는 제 분야의 책 한 권을 쓰고 싶습니다. 그것이 저의 10년 뒤 모습일 것입니다."
그 질문에 답한 지 23년이 지난 후에야 책을 쓰게 되었다.
SK그룹 경영기획실에서 함께 근무했던 상사들과 동료들 그리고 후배들에게 감사를 표한다. 그 시절의 경험이 없었다면, 이 책은 존재하지도 않았을 것이다. 특히 SK그룹 경영기획실로 이끌어주신 SKC 양태석 (前)상무와

〈아이디어와 사람들〉의 홍문기 대표 그리고 신입사원 시절 논리적 사고의 근간을 깨닫게 해 준 나의 팀장 〈러닝네트웍스〉의 김두열 대표께 감사드린다. 이 책의 첫 번째 독자로서 충고와 비판을 아끼지 않은 아내에게는 늘 미안한 마음뿐이다. 마지막으로 우리 딸 성원이에게도 사랑을 보낸다. 초등학교 6학년이지만 아빠의 글을 읽고, 교정해주고, 인터넷에서 자료를 찾아 줄 때는 정말 다 컸다는 생각이 들었다.

    선친의 가르침이 "남을 디딤돌로 삼고 일어서지 말라." 였다. 이 책의 내용은 다른 분들의 책 중에서 많은 부분을 인용했다. 이 책이 앞서 이룩해 놓으신 분들께 누가 되지 않았으면 하는 바람이다.

길영로

차 · 례

머리말

1부 기획이란 무엇인가

말에는 공통성은 있어도 동일성은 없다 / 17
논리의 출발은 용어의 정의로부터 시작한다 / 21
용어의 정의에는 2가지 확고한 기준이 있다 / 26
비즈니스맨이라면 용어 정의 방법 2가지를 알아야 한다 / 30
기획이란 무엇을 왜 해야 하는지를 명확히 하는 것이다 / 35
문제와 문제점을 혼용하면 시간이 낭비된다 / 39
목적과 목표를 구분 못하면 쓸 데 없는 일을 하게 된다 / 43
사실과 의견을 구분 못하면 '그건 네 생각이고' 라는 소리를 듣게 된다 / 47
팩트는 현상·원인·배경에 관한 정보 3가지 뿐이다 / 52
기획서의 기본구조는 클라이언트·컨셉·플래너 블록으로 이루어져 있다 / 55
기획의 프로세스는 무엇을 기획하느냐에 따라 달라진다 / 58

2부 문제해결형 기획의 프로세스와 방법론

기획의 출생증명을 위해 정보를 수집한다 / 63
목적을 명확화 하는 데는 브레이크스루 씽킹이 최고다 / 68
제목을 잘못 잡으면 한 페이지도 못 넘기고 깨진다 / 73
클라이언트 블록을 명확화 할 때 실무자의 생각이 들어가서는 안 된다 / 79
컨셉 블록부터 실무자의 의도와 생각이 들어간다 / 89
현상과 배경을 분석할 때는 가급적 피라미드 구조로 한다 / 95
So What은 실무자, Why So는 경영자의 사고방식이다 / 103
3은 단순한 것의 마지막이면서 복잡한 것의 시작인 숫자다 / 117
현상과 배경을 분석할 때는 MECE로 중복과 누락을 없앤다 / 123
배경분석·현상분석·기획과제는 연역과 귀납의
상호보완체계를 이루어야 한다 / 131
기획과제를 명확화 한 후 기획의 논리적인 스토리를 만든다 / 144
컨셉은 기획에서 접착제와 꼬치구이 역할을 수행한다 / 147
정보관리 매트릭스를 활용하여 아이디어를 비축한다 / 159
해결책을 찾을 때는 브레인스토밍을 활용한다 / 165
액티비티 별로 마감날짜를 정해야 절박감이 생긴다 / 172
스케줄을 완성했으면 돌발사태에 대비한 계획을 세운다 / 178
오른손잡이가 무의식 중에 왼손으로 식사를 하려면
피나는 연습이 필요하다 / 183

3부 가설검증형 기획의 프로세스와 방법론

가설은 현 시점에서의 결론이다 / 189
가설검증력은 비즈니스맨의 가장 강력한 무기다 / 195
가설검증 방법은 실험·토론·분석 3가지다 / 200
가설검증의 기본도구는 이슈트리다 / 207
현장확인을 통해 가설을 진화시켜 기획과제를 명확화 한다 / 221
컨셉 하에서 하우트리로 해결책을 완성한다 / 232
가설검증 프로세스를 한 장으로 정리한다 / 238
가설검증력은 CEO의 직관력으로 발전한다 / 242

부록 / 247

1

기획이란
무엇인가

SK그룹 경영기획실에서 직장생활을 하던 때의 일이다. 당시 회사를 이끌던 고 최종현 회장께서는 임직원들과 토론이나 질의·응답하기를 즐기셨는데, 그럴 때마다 화두를 던지시곤 했다. "설렁탕이라는 이름의 유래가 뭘까?" "음력과 양력은 어떻게 생겨났고, 둘 중 어떤 게 좋을까?" 처음 그런 질문을 들었을 때는 머릿속이 혼란스러웠다. '도대체 설렁탕이라는 이름의 유래를 알아서 뭐해? 음력, 양력은 또 뭐야? 그게 경영이랑 무슨 관련이 있단 말이지?' 그러나 머지 않아 그런 화두를 던지시는 이유를 알 수 있었다. 그건 바로 사물의 본질 즉, 근본의 중요성을 강조하기 위한 장치였다. 무엇보다 용어의 정의와 그 유래를 아는 일이 얼마나 중요한지를 깨닫게 하려는 뜻이었다. 학교 다닐 때는 배우지 못한 매우 중요한 가치였다.

논리적인 사고는 '용어의 정의'로부터 시작한다. 그리고 그것이 일의 기본이다. 신입사원 시절부터 23년이 지난 지금까지도 나는 변함없이 일의 기본과 사물의 본질을 가장 중요하게 생각한다. 세상이 아무리 바뀌어도 기본과 본질은 변하지 않기 때문이다. 제1부에서는 기획의 기본을 다룬다. 이를 위해 가장 먼저 '기획' 그리고 '기획을 할 때 필요한 핵심용어들'에 대해서 정의를 내렸다. 용어의 정의가 논리적인 일 처리의 출발점이기 때문이다.

말에는
공통성은 있어도
동일성은 없다

몇 년 전의 일이다. NHN에서 강의를 하고 있었는데, 바로 옆 강의실에 박찬호 선수가 강의를 하러 온다는 이야기가 들려왔다. NHN의 팀장 한 분이 박찬호 선수와 개인적인 친분이 있는데, 그 팀의 팀원들을 위해 직접 강의를 하러 온다는 것이었다. 강의를 진행하고 있는데 밖에서 환호성이 터져 나오고 웅성웅성 소리가 들렸다. 박찬호 선수가 도착한 것 같았다.

교육생들은 더 이상 집중하지 못하고 밖의 일에만 신경을 쓰는 분위기였고, 나도 마찬가지였다. 잠시 강의를 중단하고 휴식을 갖기로 했다. 강의실 밖으로 나간 교육생들은 사인을 받느라 여념이 없었고 박찬호 선수와 사진을 찍고 서로 자랑을 늘어놓았다. TV에서 거인처럼 느껴졌던 박찬호 선수의 모습은 가까이서 보니 생각보다 작았다. '저 작은 체구에서 어떻게 그런 강속구가 나올 수 있을까?' 어찌되었든 그 이야기는 삽시간에 사내에 퍼졌을 것이다.

그 일이 있고 몇 달이 지났다. 아주 무더운 여름이었다. 정말 숨이 턱턱 막힐 정도로 무더웠다. 그 때도 NHN에서 강의를 하고 있었다. 오후가 되면서 나뿐만 아니라 교육생들도 무더위에 지쳐갔다. 강의를 하다가 개인별 과제를 제시하고 생각할 시간을 주었다. 그런 다음 사무실에 전화를 걸기 위해 밖으로 잠시 나왔는데, 갑자기 시원한 빗줄기가 쏟아지는 게 아닌가? 정말이지 무더위를 한 순간에 날려 버리는 반가운 비였다. 나 혼자 시원한 빗줄기를 만끽하기 미안해서 강의실로 바로 돌아가 한창 연구중인 교육생들에게 말했다.

"밖에 비가 오시는데 보실 분들은 나가서 잠깐 보고 와서 계속하세요."

말이 떨어지기가 무섭게 여사원들이 벌떡 일어나더니 밖으로 몰려나갔다. 그런데 이내 실망하는 표정들을 지으며 강의실로 다시 들어오는 것이었다. 왜 그렇게 실망한 표정을 짓느냐고 물었더니, 가수 '비'가 온 줄 알았다는 것이었다. 뜻밖의 경험이었다. 나는 하늘에서 내리는 비를 이야기했는데, 왜 교육생들은 가수 '비'를 생각했을까?

사람들은 서로 의사소통을 할 때 상대방의 말을 어떻게 이해할까? 이 질문으로부터 한 가지 중요한 개념이 나온다. 바로 '말에는 공통성은 있어도 동일성은 없다.'라는 개념이다. 예를 들어 '개'라고 말하면 사람들은 그 의미를 어떻게 파악할까? 아마도 제각각 자기 자신의 지식과 경험을 바탕으로 이해할 것이다. 어떤 사람은 '개'라는 말을 듣는 순간 자기 집에서 키우는 애완견 요크셔테리어 '해피'가 머릿속에 떠오를 것이고, 다른 누군가는 영화 '마음이'가 떠오를 것이다. 개고기를 좋아하는 사람이라면 '보신탕'이, 또 다른 어떤 사람은 자기가 잘 다니는 보신탕집인 '싸리집' '할매집' 등이 떠오를 것이다. 박지성의 팬이라면 맨체스터 유나이티드 팬들의 응원가 '개고기 송'이 떠오를 것이고, 사고의 폭이 넓은 사람이라면 화투장과 함께 '남한산성'이 생각날지도 모르겠다.

요크셔테리어, 해피, 마음이, 보신탕, 싸리집, 할매집, 개고기 송, 남한산성. 이 말들의 공통성은 무엇일까? 바로 '개'다. 그러나 요크셔테리어, 해피, 마음이, 보신탕, 싸리집, 할매집, 개고기 송, 남한산성이라는 말들이 동일한 것은 아니다. 이와 같이 사람들은 서로 의사소통을 할 때 상대방의 말을 자기 자신의 지식과 경험을 바탕으로 이해한다. NHN에서의 일도 마찬가지다. 박찬호 선수의 일이 없었다면, 그 때 내린 비를 가수 '비'로 생각할 수 있었을까?

다시는 회상하고 싶지 않은 사건이지만, 1993년 7월 26일 아시아나항공의 보잉 737기가 전라남도 해남군 산골짜기에 추락하는 대참사가 벌어졌다. 사고의 원인을 규명하기 위해 교통부와 언론의 움직임이 분주해졌다. 그 해 〈조선일보〉 7월 31일자 기사에 실린 사고 비행기의 음성기록은 '말에는 공통성은 있어도 동일성은 없다.'라는 개념을 이해하기 위해 더 없이 좋은 사례다. 사고 직후 곧바로 조종사의 음성기록이 분석되었다. 사고 1분 전 기장과 부기장의 대화는 다음과 같았다.

기장 : 다 지나왔잖아. 다 지나왔다구.
부기장 : 고도 1천 6백, 7백……. 들어온 지 얼마 안 돼 가지고…….
기장 : 오 맙…….

음성기록은 '쾅' 소리와 함께 거기서 끊겼다. 교통부와 언론은 그 음성기록을 다음과 같이 분석했다. "두 사람의 대화에서 '다 지나왔다.'라는 기장의 말은 사고 지점 앞에 위치한 운거산을 지나왔다는 얘기다. 부기장이 말한 수치는 '1600피트의 고도를 유지해야 하는데 700피트 밖에 안 된다.'라는 뜻이다. 부기장의 마지막 말은 '이 비행기를 조종한지 얼마 안 돼 가지고······.'로 풀이할 수 있다."

그러나 실제 비행기 조종석에서 조종 경험을 가진 기장들의 해석은 달랐다. 이들은 대화 중의 수치를 "현재 고도가 1,600피트에서 1,700피트를 왔다 갔다 한다."라는 의미로 받아들였다. 부기장의 마지막 말도 "목표 접근 지역에 들어온 지 얼마 되지도 않았는데 고도를 이렇게 낮춰도 되느냐."라는 항의로 이해했다. 대부분의 사람들에게 무리 없이 받아들여지던 교통부와 언론의 최초 해석이 조종사들의 지식과 경험으로 봤을 때는 있을 수 없는 일들에 불과했다. 사람들은 이와 같이 상대방의 말을 전부 자기 자신의 지식과 경험을 바탕으로 이해한다. 말에는 공통성은 있어도 동일성은 없다. 이와 같은 말의 특성 때문에 의사소통이 제대로 안 되는 것이다.

논리의 출발은
용어의 정의로부터
시작한다

　내가 생각하는 바를 상대방에게 제대로, 무엇보다 논리적으로 전달하기 위해 가장 중요한 것이 무엇일까? 바로 '용어의 정의'를 내리는 일이다. 왜냐하면 말에는 공통성은 있어도 동일성은 없기 때문이다. 사람들은 상대방의 말을 자기 자신의 지식과 경험을 바탕으로 각자 다르게 파악한다. 따라서 나와 상대방이 사용하는 용어의 정의가 서로 다르면 의사를 논리적으로 전달할 수 없다. 용어의 정의. 이것이 바로 논리의 출발점이다.

　TV토론을 보면 전문가들끼리 의견이 충돌하고, 갈등이 벌어지는 일이 비일비재하다. 그런데 그 모습을 '말에는 공통성은 있어도 동일성은 없다.'라는 관점에서 차분히 관찰해 보면, 서로 의견이 대립되어 충돌한다기보다 토론 주제에 대한 용어의 정의가 달라서 엇갈리는 경우가 많은 것 같다. 한 TV토론 프로그램에서 '베트남 참전 군인, 용병이냐 아니냐?'라는 주제를 놓고 여러 전문가들이 출연해 토론을 벌인 적이 있다. 참가자들끼리 열띤 논쟁이 벌어지며 두 파로 나뉘어 싸우고 있었다.

한참 토론을 했는데도 자꾸 이야기가 서로 빗나갔다. 토론 참가자들도 이상했는지 한 참가자가 "잠깐 지금 우리 용병에 대해 서로 다르게 생각하는 것 같은데, 용병이 무엇인지부터 정의하고 다시 토론합시다." 하고 제안하는 것이 아닌가? 결국 그 토론은 용병이냐 아니냐에 대한 논의는 제대로 나누지도 못한 채 정의만 내리다가 끝나버렸다. 자기 의견이나 논리도 제시하지 못하고 시간이 흘러버린 것이다. 한 쪽은 용병을 '국가와 민족을 위해 희생하신 분들'이라고 생각하고, 다른 한 쪽은 용병을 말 그대로 '돈을 받고 전투를 치르는 사람'이라고 생각한 채 토론을 벌였으니, 그 토론이 제대로 될 리 없었다. 논리를 전개하고 내가 생각하는 바를 정확하게 전달하기 위해서는 상대방과 내가 서로 사용하는 용어에 대해 똑같은 정의를 갖고 있어야 한다.

그렇다면 용어 정의의 중요성을 처음 강조한 사람은 누구일까? 그리고 왜 용어의 정의가 논리의 출발점일까? 기원전 490년부터 470년까지 스파르타와 아테네는 서로 적대 감정을 버리고 힘을 합쳐 아시아의 다리우스와 크세르크세스왕 치하의 페르시아 사람들의 공격을 물리쳤다. 크세르크세스왕은 영화 〈300〉으로 잘 알려진 인물이다. 이 전쟁에서 스파르타는 육군, 아테네는 해군을 동원했다.

전쟁이 끝나자 스파르타는 군대를 해산했고, 폐쇄적이고 정체된 농업도시로 되돌아가며 경제적 불안을 겪었다. 반면 아테네는 해군을 상선대로 전환하여 고대 세계의 가장 거대하고 번창한 항구 도시 중 하나가 되어 부의 축적을 이루어냈다. 교역이 점점 복잡해지자 수학이 발달했고, 항해가 더욱 대담해짐에 따라 천문학이 발달했다. 부의 축적은 연구와 사색의 필요조건인 여유와 안전을 가져다주었다. 이제 사람들은 해상에서 방향을 찾기 위해서가 아니라, 우주의 수수께끼를 풀기 위해 별을 연구하게 되었다. 사람들은 매우 현명해져서 어떤 변화나 사건을 초자연적인 섭리나 힘의 탓으로 돌리지 않고, 자연현상을 과학적으로 규명하기 시작하였다. 마술과 제사는 점차 과학과 철학에 굴복해 갔다. 그런 한편으로 부가 축적되고 교역이 많아짐에 따라 아테네 시민들은 점점 자유분방해져 갔다. 인간의 마음을 분열시키는 개인주의가 팽배해지면서 아테네 사람들의 성격을 나약하게 만들었다. 이런 나약함 때문에 아테네는 결국 스파르타의 희생물이 되고 만다.

지금도 철저한 훈련하면 떠오르는 것이 스파르타식 훈련이다. 어느 정도로 철저했을까? 지금의 잣대로는 비교할 수 없을 만큼 상상을 초월하는 수준이었다. 스파르타에서는 사내아이가 태어나면 7살 때부터 학교에서 채찍으로 두들겨 패며 훈련을 시켰다고 한다. 스파르타의 성인식은 쥐도 새도 모르게 노예 한 명의 목을 잘라 들고 오는 것이었다. 그 과정에서 들켜도 안 되었다. 만약 들키면 평생 전사로 대접 받지 못했다고 한다. 철저한 게 아니라 혹독하다고 해야 맞을 것 같다. 이렇게 육성된 스파르타의 육군은 펠로폰네소스 전쟁(BC 430~400)에서 아테네의 해군을 물리치고 승리를 거둔다. 스파르타의 식민지가 된 아테네의 젊은이들은 실의에 빠지게 된다. 이 때 소크라테스가 등장한다.

구겨진 튜니카(고대 그리스인이 입던 셔츠 같은 옷)를 입고 한가하게 광장을 걸어가며, 실의에 빠진 젊은이들과 학자들을 모아 그늘진 구석으로 끌고 가서 그들의 용어를 정의하라고 요구하는 소크라테스의 모습이 눈에 선하게 다가온다. 스티브 잡스도 "소크라테스와의 점심에 우리의 기술 모두를 내놓겠다."라고 하지 않았는가?

'덕의 의미는 무엇인가?' '최선의 국가는 어떤 것인가?' '명예, 도덕, 애국심은 어떠한 뜻을 가지고 있는가?' 당시 아테네 젊은이들에게 이러한 문제보다 더 중요한 화제는 없었다. 어떻게 하면 새롭고 자연스러운 도덕을 발달시킬 수 있으며, 어떻게 하면 나라를 구할 수 있을까? 소크라테스는 이러한 질문에 대한 철학적 답을 찾으려 노력하며, 용어 정의의 중요성을 끊임없이 강조하였다. 소크라테스의 제자인 플라톤 역시 스승의 뜻을 이어 받아 용어 정의의 중요성을 강조하였다. 소크라테스는 정의에 광적으로 매달렸고, 플라톤은 모든 개념을 끊임없이 세련되게 만들어 갔다. 두 천재의 이러한 노력은 새로운 학문을 창시하는 기폭제가 된다.

플라톤의 제자는 잘 알려진 바와 같이 아리스토텔레스다. 아리스토텔레스의 위대한 업적 중 으뜸은 '논리학'이라는 학문을 창시한 것이다. 그렇다면 아리스토텔레스는 어떻게 논리학을 창시할 수 있었을까? 소크라테스와 플라톤, 두 스승이 용어의 정의에 대해 강조하지 않았더라면, 논리학은 아마 먼 훗날에나 등장했을 것이다. 아리스토텔레스의 〈정의〉라는 논문을 보면, 그의 논리학이 두 스승으로부터 얼마나 많은 영양분을 섭취했는지를 잘 알 수 있다. 논리학은 용어의 정의로부터 시작되었다. 따라서 논리력을 갖추려면 용어의 정의부터 정확하게 파악해야 한다. 상대방과 내가 용어에 대해 다르게 정의하면 논리의 출발 자체가 불가능하다.

철학자의 사상과 인간성을 일반인들도 쉽게 이해할 수 있도록 저술한 《철학이야기(The Story of Philosophy)》의 저자 윌 듀란트는 용어의 정의에 대해 이렇게 쓰고 있다.

중요한 용어를 모두 엄격하게 정의하고 음미하는 것이 논리학의 알파이고 오메가이며, 논리학의 심장이고 영혼이다. 이것은 매우 어려운 일이고 가혹한 시험이지만, 일단 치르고 나면 일이 반은 끝난 셈이다.

그렇다면 도대체 용어를 어떻게 정의해야 할까?

용어의 정의에는
두 가지 확고한
기준이 있다

아리스토텔레스는 "세상의 모든 뛰어난 정의에는 두 가지 확고한 기준이 있다."라고 했다.

첫째, 정의 내려야 할 대상을 '동일한 특성을 가진 종류 또는 집단'에 귀속시킨다. 인간을 정의 내리고자 한다면, 우선 인간과 동일한 특성을 가진 종류, 즉 동물에 귀속시킨다. '인간은 동물이다.'

둘째, 정의 내려야 할 대상이 어떤 점에서 같은 종류에 속하는 모든 대상과 차이가 있는가를 밝힌다. 예를 들면 인간은 다른 동물들과 달리 '이성적'이라는 차이가 있다. 따라서 인간을 이렇게 정의 내릴 수 있다. '인간은 이성적인 동물이다.'

연세대학교 김준섭 교수는 그의 저서 《논리학》에서 아리스토텔레스가 이야기한 정의의 두 가지 확고한 기준을 보다 친근하고 이해하기 쉽게 설명하였다. 그는 이렇게 말한다. "정의라는 것은 개념의 의의를 결정하는 것이다. 그 이유는 개념이 다의하거나 모호하여서는 사상의 통일과 교환이 곤란하기 때문이다. 개념의 의의를 결정하려면 개념이 가지고 있는 내포를 명확히 규정하고, 그 뜻을 명확히 밝혀야 한다. 논리적 정의는 어떤 개념이나 그 개념이 속하는 유개념(類槪念)에 종차(種差)를 가하면 된다." 여기에서 논리적 정의에 대한 공식이 만들어진다.

정의 : 유개념 + 종차

인간을 정의 내릴 때, 인간과 같은 종류의 유개념은 '동물'이다. 또 인간이 다른 동물들과 차이 나는 종차는 '이성적'이라는 것이다. 두 가지를 더하여 '인간은 이성적인 동물이다.'라고 정의 내릴 수 있다. 삼각형을 예로 들어보자. 삼각형은 3개의 직선으로 포위된 평면형이다. 이 때 유개념은 사각형, 오각형, 육각형 등과 같이 평면형이라는 점이다. 종차는 삼각형이 다른 평면형들과 달리 3개의 직선으로 포위되어 있다는 점이다.

기업에서 사용하는 용어인 '인사시스템'의 정의를 사전에서 찾아보면 '종업원의 적절한 활용을 목적으로 고용, 훈련, 노무의 최적 조직화를 도모하는 데 사용하는 관리시스템'이라고 나온다. 인사시스템의 유개념은 '기업조직에서 사용하는 관리시스템'이다. 그럼 다른 관리시스템과의 종차는 무엇인가? '종업원의 적절한 활용을 목적으로 고용, 훈련, 노무의 최적 조직화를 도모하는 것'이다.

'유개념+종차'를 이용하여 '명예박사'를 정의해 보자. 국어사전을 찾아

보면 명예박사를 '박사학위 과정이나 논문심사 과정 없이 학술과 문화에 많은 공헌을 하였다고 인정되는 사람에게 수여하는 박사학위'라고 정의하고 있다. 명예박사의 유개념은 '학술과 문화에 많은 공헌을 하였다고 인정되는 사람에게 수여하는 박사학위'이다. 종차는 '박사학위 과정이나 논문심사 과정 없이'이다.

작가 이외수는 그의 저서 《감성사전》에서 명예박사를 '자신이 진짜 박사가 아니라는 사실을 대학이나 학술단체로부터 공식적으로 인정받은 사람'이라고 색다르게 정의 내렸다. 그가 말하는 명예박사의 유개념은 '대학이나 학술단체로부터 공식적으로 인정받은 사람'이다. 박사와 다른 종차는 '자신이 진짜 박사가 아니라는 사실'이다. 정말 천재성이 번뜩이는 정의다. 아리스토텔레스가 지적했듯이 모든 뛰어난 정의에는 유개념과 종차라는 두 가지 확고한 기준이 있다.

잠시 쉬어가는 기분으로 이외수의 감성과 아리스토텔레스의 정의가 얼마나 설득력 있고 강력한 지 이외수의 《감성사전》에 나오는 몇 가지 정의를 유개념과 종차라는 관점에서 음미해 보기 바란다.

시계 하루를 시간 별로 스물 네 토막씩 절단하는 기계.
식인종 인구증가와 식량증가를 동일시하는 종족.
나비 지상에서 가장 아름다운 날개를 가진 곤충.
보석 허영을 장식하는 고가의 돌멩이.
자연보호 전 인류가 집단자살로 자연에 귀의할 때에야 비로소 성취될 수 있는 과업.

예술 술 중에서 가장 독한 술이다. 영혼까지 취하게 한다. 예술가들이 숙명처럼 마셔야 하는 술이다. 모든 예술작품은 그들의 술주정에 의해서 남겨진 흔적들이다. 거기에는 신도 악마도 존재하지 않는다. 오직 아름다움만이 존재할 뿐이다.

비즈니스맨이라면
용어 정의 방법 2가지를
알아야 한다

우리가 사용하는 말은 대단히 복잡하고 애매하다. 또한 애초부터 정확한 정의를 가지고 있는 것도 아니다. 우리는 어릴 때부터 늙어서 죽을 때까지 사회에서 쓰는 말을 무의식적이고 불규칙적으로 모방하고 배워서 사용한다. 모호한 말을 분간하지 않고 그대로 받아들여 사용하기 때문에, 하나의 말을 저마다 다른 의미로 생각하고 쓰는 일이 많다.

회사에 입사해서 보고서나 기획서를 쓰다 보면, 제일 처음 부딪치는 용어가 '목적'과 '목표'다. 목적과 목표. 분명히 서로 다른 개념인데 구별하지 않고 사용한다. 선배들이 작성한 기획서에 적힌 대로 무의식적으로 따라 쓴다. 정확한 정의를 내리지 않고 사용하기 때문에, 매번 목적이 목표 같기도 하고, 목표가 목적 같기도 하다. 전혀 구분하지 않고 쓰는 사람이 대부분이라고 해도 과언이 아니다. 그러다 보니 기획서의 내용이 중복되고 생각이 정리되지도 않는다. 자기 생각이 정리되어 있지 않으니까, 보고를 해도 상사가 이해를 못하고 짜증내는 일이 다반사다.

일을 논리적으로 추진하고자 하는 비즈니스맨이라면 '본원적 정의'와 '조작적 정의'에 대한 이해가 필요하다. 본원적 정의란 어원적, 사전적, 철학적 의미의 정의를 말한다. 말 그대로 어원에서 나오는 뜻, 사전에 나와 있는 뜻, 철학적 사유(思惟)를 통해서 나온 뜻을 의미한다. 이에 반해 조작적 정의란 내가 남들에게 무언가를 설명하기 위해 내리는 정의를 말한다. 개념에 자기 나름의 의미를 부여하여 내리는 정의이다. 여기서 개념이란 본원적 정의를 가리킨다.

어떤 분야든지 그 분야의 대가들이 쓴 책을 읽어 보면, 용어의 정의로부터 책의 내용을 시작한다. 예를 들어 리더십 책을 읽어 보면 리더(Leader)라는 말의 어원부터 캐기 시작한다. 본원적 정의를 내리는 것이다. 로버트 켈리가 쓴 《폴로어십과 리더십》이라는 책을 보면, 리더의 어원에 대한 설명이 나온다. 리더라는 말은 독일어의 고어에서 유래되었는데, 원래의 뜻은 '참다, 고통을 감내하다, 인내하다.'이다. 이 뜻만 제대로 이해해도 리더십의 본질을 바로 알 수 있다. 바로 솔선수범이다. 어원이 그래서인지 서양 사회에서는 '노블리스 오블리제(Noblesse Oblige)'가 잘 지켜지는 것 같다. 영국의 왕실이 오래도록 유지되는 것도 전쟁이 벌어지면 왕자들부터 총칼 들고 전쟁터로 향하는 노블리스 오블리제 덕분이 아니었을까 싶다. 말 그대로 고통을 감수하며 솔선수범하는 것이다.

반면 우리나라에서는 장관이나 요직에 선임되고도 낙마하는 일이 무척 잦다. 과거의 행적 때문이다. 부동산 투기, 병역 문제, 위장전입 문제 등으로 리더가 되기 일보 직전에 고배를 마시는 사람들이 많다. 사회에서 존경받는 리더가 되고 싶다면 젊었을 때부터 고통을 감수하며 솔선수범해야 한다. 안철수 박사가 사회적 신드롬을 일으킨 것도 젊었을 때부터 바른 길을 걸어왔기 때문이 아닐까?

아리스토텔레스는 그리스의 예비 리더들이 오늘날의 일부 MBA 출신들처럼 처음부터 정상에서 시작하려는 것을 보고 그 권력욕을 비판했다. 리더가 아닌 위치에서의 훈련이야말로 리더가 되는 데 필수불가결한 요소라는 것이 그의 주장이다. 그는 〈정치학〉에서 이렇게 말했다. '일반 시민이 된 연후에야 지배자가 될 수 있으므로, 지배자는 먼저 선량한 시민이 되어야 한다.' 철학자 헤겔도 아리스토텔레스와 비슷한 의견을 피력했다. 그는 〈정신현상학〉에서 주인과 노예의 변증법을 제시했는데, '최고의 주인은 예속이 뭔지 아는 사람'이라고 주장했다.

이와 같이 본원적 정의를 정확히 이해하면 말의 참뜻과 본질을 쉽게 파악할 수 있다. 오늘날 셀프 리더십(Self Leadership)이니 서번트 리더십(Servant Leadership)이니 하는 여러 가지 리더십이 유행하고 있지만, 무엇보다 본원적 정의를 알아야 리더십의 본질을 제대로 이해할 수 있다.

본원적 정의를 내리고 나면, 저자들은 조작적 정의로 옮겨간다. '참다, 고통을 감내하다, 인내하다.' 라는 어원만으로는 리더십을 설명하기에 부족하기 때문이다. 내가 남들에게 무엇인가를 설명하기 위해 내리는 것을 조작적 정의라고 하지만, 이 정의도 제멋대로 함부로 내려서는 안 된다. 무언가 합리적인 근거가 있어야 한다. 그래서 저자들은 선행 연구 결과부터 밝힌다. "1970년대 어느 학자는 리더십을 이렇게 정의 내렸고, 80년대 들어와서 세상이 바뀌니까 어느 학자는 리더십을 이렇게 정의 내렸다." 이런 식으로 선행연구 결과를 밝힌 뒤에야 비로소 조작적 정의를 내린다. "21세기에 접어들면서 세상이 이렇게 변화했기 때문에 이런 리더십이 필요하다. 그래서 나는 리더십을 이렇게 정의 내리고자 한다."라고 하며 그 앞에 조작적 정의라는 말을 반드시 붙인다. 즉, 저자가 독자들에게 리더십을 설명하기 위해 리더의 개념(본원적 정의)에 나름대로 시대적 의미를 부여하여 정의를 내리는 것이다. 그것이 조작적 정의다. 그런 다음 저자는 그 정의에 입각해서 책의 모든 내용을 기술한다. 그래야 독자들이 책의 내용을 이해하는 데 어려움이 없다. 만일 정의 없이 그 책을 읽는다면 독자들마다 지식과 경험이 다르기 때문에 내용을 다르게 이해할 것이며 저자의 의도도 파악하기 어려울 것이다.

기업에서도 마찬가지다. 새로운 것을 기획하거나, 신규사업을 추진하거나, 새로운 시스템을 만들려면 용어의 정의부터 내려야 한다. 예를 들어 새롭게 바이오 산업에 진출하기 위해 태스크 포스 팀을 결성했다고 치자. 바이오 기술, 인사, 마케팅, 재무 등 각 분야의 전문가들로 팀을 구성하고 난 뒤에는 가장 먼저 사업의 정의부터 내려야 한다. 사업의 정의를 내리지 않으면 각 분야의 전문가들마다 바이오 산업에 대해 서로 다르게 생각한다. 바이오 산업에 대한 지식과 경험이 전부 다르기 때문이다. 우리가 진출하려고 하는 바이오 산업이 정확히 무엇인지 그리고 범위가 어디까지인지 정의를 내리지 않으면 힘을 결집할 수 없고 시너지 효과도 사라진다.

이 세상에서 무엇인가를 처음 추진하는 사람들은 언제나 용어의 정의부터 내렸다. 예를 들어 '유비쿼터스'라는 말은 1988년에 미국의 사무용 복사기 제조회사인 제록스의 마크 와이저가 '유비쿼터스 컴퓨팅(Ubiquitous Computing)'이라는 용어를 사용하면서 처음 등장하였다. 새로운 용어가 등장해서 사회에 확산되려면 용어의 정의가 그 출발점이다. 유비쿼터스라는 말의 본원적 정의는 '언제 어디서나 존재한다.'이다. 그 어원은 라틴어 유비크(Ubique)에서 비롯되었다. 그러나 이 본원적 정의만으로는 이후 전개될 IT환경을 제대로 설명할 수 없다. 그래서 이 IT분야의 선구자들은 '유비쿼터스'라는 말을 다음과 같이 조작적으로 정의하였다. '사용자가 장소와 시간, 네트워크나 컴퓨터의 종류에 구애 받지 않고 자유롭게 인터넷에 접속할 수 있는 환경.'

언어란 이미 과거에 만들어진 개념이다. 새로운 것을 기획하고 창조해 나갈 때는 기존의 언어로 표현하기 어려운 경우가 많다. 그래서 창의적인 아이디어들이 제대로 구현되지 못한 채 사장되어 버리는 것 같다. 자신의 생각이 새롭고 창의적일수록 기존의 언어로 표현하기 어렵기 때문에, 상사나 주변 관계자들을 설득하기도 어렵다. 새로운 일을 추진할 때는 용어의 정의로부터 시작하자. 본원적 정의와 조작적 정의가 도움이 될 것이다.

기획이란
무엇을 왜 해야 하는지를
명확히 하는 것이다

"도대체 기획과 계획의 차이가 무엇인가요?"라는 질문을 자주 받는다. 《기획력》의 저자 다코 가가야쿠의 말부터 들어보자.

비즈니스 세계에서는 계획이라는 말을 많이 쓰고 있다. 이 경우의 계획이란 주어진 문제와 관련된 다수의 요소를 논리적으로 사고하여, 부정확한 요소를 미리 예측해서 과학적인 해결책을 세우는 것이다. 이러한 틀 속에서는 계획과 기획이 거의 똑같은 의미가 된다. 사실 계획과 기획을 똑같은 의미로 쓰고 있는 사람도 적지 않다.

이와 같이 다코 가가야쿠는 기획과 계획 사이에 공통된 부분이 있음을 인정한 다음, 양자 사이에 분명히 다른 점도 있음을 밝혔다.

그렇지만 일반적으로 계획은 주어진 목표에 관한 구체적인 절차를 정한다든지 실행을 할 때의 순서를 생각하는 것을 의미한다. 결국 기획이 목표 설정의 역할을 하는 것이라면, 계획은 기획한 목표를 실행하기 위한 구체적인 방법을 모색하는 것이다. 이러한 면에서 기획과 계획은 결정적인 차이가 있다고 할 수 있다.

기획과 계획을 비교해 보면, 양자 사이에 유사한 면과 그렇지 않은 면이 함께 존재하고 있음을 알 수 있다는 이야기다. 조금 더 정확히 말하면 이렇다. 기획과 계획은 어느 정도 중복되어 있다고 볼 수 있다. 수학에서 쓰는 용어로 표현하면 '교집합 관계'다. 서로 공통 부분을 공유하고 있지만, 기획이 계획은 아니며, 계획 또한 기획 그 자체는 아니라는 얘기다. 애매할 때는 용어의 정의가 최고다.

기획이라는 말의 본원적 정의부터 살펴보자. 기획이란 말은 '기'와 '획'으로 구성되어 있다. 한자로 기(企)는 '도모할 기'다. 획(劃)은 '그을 또는 계획할 획'이다. 기획이란 '계획을 도모하는 것'이다. 그래서 영어로도 기획을 Plan이라고 하지 않고, Planning이라고 한다. 한 마디로 기획이란 'Why to do?'와 'What to do?'를 명확히 하는 것이다. 즉, '왜 할 것인가?' '무엇을 할 것인가?'를 결정하는 것이다. 이에 비해 계획은 'How to do?' 즉, '어떻게 할 것인가?'를 정하는 것이다. 왜 할 것인지, 무엇을 할 것인지를 결정하는 것이 기획이고, 어떻게 할 것인지를 생각하는 것이 계획이다. 따라서 기획을 다음과 같이 조작적으로 정의할 수 있다.

변화하는 환경 속에서

개별 목적을 달성하기 위하여

관련 환경 요소를 분석·고려하여

실행자의 핵심역량을 발휘할 수 있도록 입안된

기획자의 의도가 투영된 계획을 도모하는 것

환경이 변화하지 않으면 기획할 필요가 없다. 어제의 연속이 오늘이고, 오늘의 연속이 내일이라면 기획을 하지 않아도 문제가 없다. 늘 하던 대로 하면 된다. 그러나 환경은 예고 없이 제멋대로 변화한다. 이것이 변화하는 환경을 포착하고, 관련 환경 요소를 분석해야 하는 이유이다. 뒤에서 설명하겠지만 목적은 일의 출발점이다. 쓸 데 없는 일을 하지 않기 위해서는 목적을 명확히 밝혀야 한다.

기획을 할 때는 실행자의 핵심역량을 발휘할 수 있도록 입안하는 것이 중요하다. 기획하는 사람과 실행하는 사람이 다를 수도 있기 때문이다. 본사 스텝이 기획한 내용을 전 사업장에서 실행해야 하는 경우도 있다. 이때는 기획의 내용이 현장과 따로 놀면 안 된다. 예를 들어 보자. 정부에서 아파트 경비원들을 보호하기 위해 최소 연봉제를 도입했다. 하지만 실제 현장에서 어떤 일이 벌어졌는가? 경비원들의 실직사태가 줄을 이었다. 현장의 상황을 제대로 반영하지 못한 기획의 결과였다.

기획자의 의도는 컨셉(Concept)이다. 컨셉은 '기획과제를 어떻게 한 마디로 풀 것인가?'에 대한 답인데, 이에 대해서는 제2부에서 자세히 설명하겠다. 제2부에서는 위에서 내린 기획의 정의에 입각하여 변화하는 환경은 어떻게 포착하는지, 개별 목적은 어떻게 설정하는지, 관련 환경 요소는 어떻게 분석하는지, 실행자의 핵심역량을 발휘하도록 하기 위해서는 어떻게 해야 하는지, 컨셉은 어떻게 정하는지, 계획은 어떻게 세우는지에 대해 자세히 살펴 볼 것이다.

문제와 문제점을
혼용하면
시간이 낭비된다

    본격적으로 기획의 프로세스를 밟기 전에 기획을 하기 위해 반드시 필요한 핵심 용어들을 정의해 보자. 먼저 '문제'와 '문제점'이다. 많은 사람들이 문제와 문제점이라는 말을 구분하지 않고 혼용하여 쓰는 것 같다. 기업에서 교육을 할 때, 사례를 제시하고 "문제가 무엇입니까?" 하고 질문을 던지면, 문제를 문제점으로 바꾸어 대답하는 경우가 많다. 아마도 무의식적으로 두 용어들을 혼용해서 사용하는 습관 때문이 아닌가 싶다.

    먼저 문제가 무엇인지부터 생각해보자. 우리는 평소에 "그 친구는 문제가 있어." "그 친구는 술과 여자 때문에 문제야." "이번 회의에서 해결해야 할 문제가 뭐지?" "이번 시험문제는 어려웠어."라는 식의 표현을 자주 한다. 이렇게 문제라는 말은 우리 주변에서 여러 가지 의미로 쓰이고 있다. 문제의 정의를 국어사전에서 찾아보아도 마찬가지다.

- 해답을 필요로 하는 물음
- 연구하거나 해결해야 할 사항
- 성가신 일이나 논쟁이 될 만한 일
- 세상의 이목이 쏠리는 일

문제를 이렇게 다양한 의미로 사용하면 무엇을 문제로 다루어야 할 지 혼란스러울 수밖에 없다. 문제해결에 있어서 가장 중요한 것은 '무엇을 문제로 다룰 것인가?' 하는 것이다. 그렇다면 조직에서 일하는 사람들은 무엇을 문제로 다루어야 할까? 간단한 사례를 통해 문제가 무엇인지 연구해 보자. 아래의 사례를 읽고 홍길동의 입장에서 무엇이 문제인지 찾아보기 바란다.

홍길동이 오랜만에 반가운 친구들을 만나 술을 마시고 집에 돌아가기 위해 차를 몰았다. 집으로 가는 도중에 갑자기 폭설이 내려서 길이 미끄러워졌고, 때마침 나타난 도로의 움푹 파인 구덩이를 피하려다 사고를 내고 병원에 실려 가야 했다. 무엇이 문제일까?

위의 사례를 제시하고 무엇이 문제인지 찾아보라고 하면 정말 다양한 답들이 나온다. "음주운전이 문제다." "폭설이 문제다." "움푹 파인 구덩이가 문제다." "음주운전을 말리지 않은 친구들이 문제다." "술 마시러 가면서 차를 가져간 것이 문제다." "폭설을 예보하지 못한 기상청이 문제다." "움푹 파인 도로를 방치한 도로공사가 문제다." "사고가 발생한 것이 문제다." "출근할 수 없어 일을 못하는 것이 문제다." "병원치료비가 문제다." "홍길동이 문제다." 똑같은 상황을 보고도 왜 이렇게 다양한 답들이 나올까? 다들 각자 문제에 대한 정의가 다르기 때문이다.

문제란 '바람직한 상태와 현상간의 차이(Gap)이며, 해결을 요하는 사항'이다. 이것이 전 세계 모든 조직에서 일하는 사람들이 사용하고 있는 문제의 조작적 정의다. 기업에서는 '바람직한 상태'를 '목표'란 말로 바꾸어 사용하기도 한다.

홍길동의 입장에서 바람직한 상태는 무엇인가? 음주운전을 했든 안 했든, 폭설이 내리건 말건, 움푹 파인 구덩이가 있건 없건, 무사히 집에 도착하면 되는 것이다. 현재 상태는 무엇인가? 사고가 나서 병원에 실려 간 것이다. 바람직한 상태와 현재 상태의 차이를 도출해 보면 '무사히 집에 도착하지 못하고 사고가 발생한 것'이 문제다. 문제의 조작적 정의에 의하면 '사고 발생'이 문제인 것이다. '음주운전, 폭설, 움푹 파인 구덩이'는 문제의 '원인'이다.

그렇다면 문제점은 무엇일까? 사전을 찾아보면 '문제가 되는 점'이라고 되어 있는데, 일반적으로 '무언가 손을 써야 할 필요가 있는 사항'이라는 의미로 쓰이고 있다. 문제점은 문제 그 자체가 아니라 문제를 발생시키고 있는 원인을 가리킨다. 즉, 문제점이란 '문제의 원인'을 뜻하며 '손을 써야 할 사항'을 말한다. 무언가 손을 씀으로써 문제가 해결될 수 있고, 문제의 발생을 미리 방지할 수 있는 사항을 뜻한다. 그것을 비즈니스 조직에서는 다음과 같이 조작적으로 정의할 수 있다. 문제점이란 '문제의 원인 가운데 대책을 수립할 수 있는 것'을 말한다.

문제의 원인이 모두 문제점이 되는 것은 아니다. 위의 사례에서 '음주운전'과 '움푹 파인 구덩이'는 문제점이다. 차후에 똑같은 일이 발생하지 않도록 얼마든지 대책을 수립할 수 있다. 오랜만에 친구를 만나서 한잔 할 것 같으면, 아예 차를 안 가져가면 된다. 술을 마셨으면 대중교통을 이용하거나 대리운전을 하면 될 것이다. 구덩이는 도로공사에 연락해서 보수를 요청하면 된다. 만일 도로공사에서 보수를 안 하면, 본인이 삽을 들고 가서 직접 메우면 될 일이다. 차후에 같은 일이 발생하지 않도록 얼마든지 자기 힘으로 대책을 마련할 수 있다. 그러나 폭설은 다르다. 손을 쓸 수가 없다. 신이 아닌 이상 갑자기 폭설이 내리지 않도록 할 수는 없다. 자신이 통제할 수 있는 사항이 아니다. 이렇게 자신의 힘으로 통제할 수 없는 사항을 '제약조건'이라고 한다. 음주운전과 구덩이는 문제점이지만, 폭설은 제약조건이다.

문제와 문제점에 대해 알아보았다. 이제 둘을 명확히 구분해서 쓰자. 조직에 문제가 발생해서 회의를 하는데, "문제가 무엇인지부터 명확히 해 봅시다."하고 말했을 때, 문제점이나 원인을 문제라고 하면 시간이 낭비되고 짜증만 날 것이다.

목적과 목표를
구분 못하면
쓸 데 없는 일을 하게 된다

언젠가는 너와 함께 하겠지

지금은 헤어져 있어도

네가 보고 싶어도 참고 있을 뿐이지

언젠간 다시 만날 테니까

그리 오래 헤어지진 않아

너에게 나는 돌아갈 거야

1996년에 방영을 시작해서 마지막 회에 65.8%라는 전대미문의 시청률을 기록한 KBS드라마 〈첫사랑〉의 주제가 '존재의 이유'다. 당대 최고의 히트작이다. 그 당시 거리를 거닐 때면 어디에서나 '존재의 이유'가 흘러나왔다. 정말 아름답고 애절한 노래다. 얼마 전 이 노래의 가수 김종환이

MBC 예능 프로그램 〈세바퀴〉에 나와서 "IMF때 가족과 헤어져 살았다. 그 때 만든 노래가 '존재의 이유' 다."라고 말하며 아픈 사연을 공개했다. 어쩐지 노래를 들을 때마다 심금을 울린다 했더니, 명곡 뒤에 그런 애절한 사연이 숨어 있는지는 몰랐다. 김종환의 첫 번째 히트곡 '존재의 이유' 그것이 바로 목적의 정의이다.

고단샤에서 출간한 《현대철학사상사전》에 의하면 아리스토텔레스는 목적을 '존재인(存在因)'이라고 했다. 존재인이란 사물의 존재의 이유를 말한다. 안경의 목적은 무엇인가? 안경의 존재의 이유는 시력이 나쁜 사람이 사물을 제대로 볼 수 있도록 해주는 것이다. 펜의 목적은 무엇인가? 종이에 글씨를 쓰기 위해 존재하는 것이다. 기업의 목적은 무엇인가? 이윤의 극대화. 기업은 정당한 방법으로 돈을 벌기 위해 존재하는 것이다. 기업이 돈을 벌지 못하면 사회악이다. 돈을 못 벌면 당장 주주들에게 피해가 가고, 임직원들 역시 연봉이 삭감되거나 동결된다. 주변의 식당이나 선술집의 매출도 줄어들게 된다. 젊은이들의 일자리도 사라진다. 또 언론에서 가끔 '○○ 회사에 공적자금 투입'이라는 기사를 접하게 되는데, 공적자금이 바로 우리 국민들이 낸 세금이다. 왜 우리의 혈세를 경영을 제대로 하지 못한 부실기업에 가져다주어야 하는가? 기업의 존재 이유는 공정한 방법으로 돈을 많이 벌어 정부에 세금을 많이 내는 것이다. 돈을 벌어야 사회에 기부도 할 수 있다.

일을 시작할 때는 항상 목적부터 명확화 해야 한다. '이 일이 현 시점에서 우리 팀에 왜 존재해야만 하는가?' 그 점을 명확히 밝히고 일을 해야 한다. 목적을 명확화 하지 않고 일을 하면 쓸 데 없는 일을 하게 된다. "본질을 추구해라." 상사로부터 자주 듣는 소리다. 본질을 추구하라는 소리가 목적을 명확화 하라는 얘기다. 목적은 일의 본질이자 출발점이다.

1990년대 초반까지 시내버스에 안내양이 있었다. 안내양의 목적은 무엇인가? 안내양의 존재의 이유는 세 가지다. 첫째는 차비를 받는 것이다. 둘째는 말 그대로 정거장 안내다. "다음 정거장은 미아리 고개입니다. 내리실 분 빨리 앞으로 나오세요." 셋째는 문을 열고 닫는 것이다. 지금은 어떤가? 차비는 교통카드와 요금함으로 대체되었다. 정거장 안내는 안내방송이 해준다. 문은 자동문이다. 안내양의 존재의 이유가 사라져 버렸다. 안내양의 목적이 사라짐과 동시에 안내양도 우리 주변에서 자취를 감추었다.

목적이 사라지면 존재의 이유도 사라진다. 일도 마찬가지다. 주변에서 예전에는 존재했지만 지금은 사라진 상품들을 찾아보라. 목적이 소멸되었기 때문에 사라진 것들 말이다. 내가 근무했던 SK그룹 경영기획실에서는 한 때 "보고서나 기획서를 작성할 때, 목적을 아예 '존재목적'으로 표기하라."라고 지시가 내려진 적도 있었다.

이번에는 '목표'에 대해 알아보자. 목표에는 반드시 두 가지 개념이 들어가야 한다. '기간'과 '수준'이다. 목표는 '일정 기간 내에 도달 또는 달성해야 할 바람직한 수준'이다. 우리 회사의 '올해 매출목표'라는 말 속에는 "○○년 1월 1일부터 12월 31일까지 얼마의 매출액을 올리겠다."라는 뜻이 담겨 있다. 개인적인 목표를 정하는 것도 마찬가지다. "내 목표는 잘 먹고 잘 사는 것이다." 이것은 목표가 아니다. 꿈이고 희망사항일 뿐이다. 기간도 없고 수준도 없기 때문이다. 잘 먹고 잘 살려면 돈이 구체적으로 얼마나 필요한지 수준을 정한 후에 언제까지 그 돈을 모을 것인지 기간을 명확히 해야 한다. 신입사원 한 명에게 질문을 던진 적이 있다. "살아가면서 너의 개인적인 목표는 무엇이냐?" 하고……. 그 사원은 "5년 안에 집 한 채를 사는 것이 목표입니다."라고 답했다. 그래서 말했다. "야, 개집은 지금 당장이라도 내가 몇 채 사줄 수 있어."

목표를 설명할 때 '바람직한' 이라는 말도 빼놓을 수 없는 개념이다. 바람직하다는 말은 두 가지가 동시에 충족되었을 때 성립하는 것이다. 첫째, 자기 자신이 만족해야 한다. 내가 만족하지 못하면 바람직한 것이 아니다. 둘째, 사회가 인정해야 한다. 자기 자신이 만족한다고 해도 사회가 그것을 받아들이지 못하면 바람직한 것이 아니다. 물론 조직에서 일하는 사람이라면 조직이 인정해야 한다. 이 두 가지가 동시에 충족되어야 바람직한 것이다.

일을 하다 스트레스가 쌓이면 새벽까지 술을 마시고 집에 들어가는 경우가 있다. 나 자신은 정말 만족한다. 그러나 우리 가족들은 그것을 인정하지 않는다. 따라서 새벽까지 술을 마시는 행동은 바람직한 것이 아니다. 편법으로 재산을 축적하는 사람이 있다. 이것 역시 바람직한 행동이 아니다. 본인은 만족할지 몰라도 사회가 그것을 인정하지 않기 때문이다. 조직의 목표는 개인에게 늘 버겁기 마련이다. 나는 여기까지만 달성하고 싶은데, 조직이 그것을 인정하지 않기 때문이다. '내가 하면 연애, 남이 하면 불륜' 이라는 말도 그래서 생긴 듯하다.

사실과 의견을 구분 못하면 '그건 네 생각이고'라는 소리를 듣게 된다

"그건 네 생각이고."

조직에서 회의나 보고를 하다 보면 상사들에게 가끔 듣는 소리다. 그러나 상사들에게 절대 들어서는 안 되는 소리가 바로 "그건 네 생각이고."다. 이런 얘기를 자주 듣는다면 자신이 비즈니스맨다운 사고를 전혀 하지 못하고 있다고 생각하면 된다. 아니, 자신이 굉장히 무능한 사람이라고 생각하면 된다. "그건 네 생각이고."라는 소리를 자주 듣다 보면, 상사로부터 마지막으로 듣게 되는 소리가 있다. 최후의 통첩이다. "넌 생각하지 마."

왜 그런 소리를 듣게 될까? 사실과 의견을 제대로 구분하지 못하기 때문이다. 그렇다면 사실은 무엇이고, 의견은 무엇일까? 사실을 사전에서 찾아보면 다음과 같다. ①실제로 있었던 일이나 현재 있는 일, ②겉으로 드러나지 아니한 일을 솔직하게 말할 때 쓰는 말. 사실은 실제로 있었던 일이나 현재 있는 일, 즉 입증이 가능한 일이다.

사실에 대해 설명하기 전에 사실과 진실의 차이부터 알아보자. 일반적으로 사실과 진실을 혼용해서 쓰는 경우가 많은데 비즈니스맨은 사실과 진실을 철저히 구분해서 써야 한다. 그래야 오판을 피할 수 있다. 사실과 진실의 차이는 무엇일까? 진실의 사전적 의미는 '거짓이 없는 사실'이다.

얼마 전 한 케이블 TV의 〈화성인 바이러스〉라는 프로그램에서 소개된 '4억 명품녀'와 관련해 소동이 벌어진 적이 있다. 한 여성이 방송에 출연해서 자신이 입고 있던 의상과 액세서리, 핸드백 등 걸치고 있는 것만 4억 원 대이며, 직업은 없고 부모가 준 용돈만으로 명품을 산다고 밝혔다.

그 후 이 여성은 인신공격성 악플에 시달리고 가족들도 정신적 고통에 시달렸다고 한다. 국세청에서 탈세 혐의로 세무조사까지 하겠다고 나서자, 그녀는 "작가들이 가능한 한 재미있게, 럭셔리하게 해 달라고 요청해서 지시대로 했을 뿐이다. 그런데 본의 아니게 '4억 명품녀'라는 별명을 얻으며 네티즌들의 악플과 신상털이에 시달리고 파렴치한 속물이라는 사회적 낙인이 찍히게 됐다."라고 언론에 밝혔다. 이것은 사실이다. 그녀가 몇 년 몇 월 몇 일에 그러한 말을 했는지 입증할 수 있기 때문이다. 그 소동과 관련된 첫 번째 사실이다.

반면 방송사 측은 "그 여성이 자발적으로 촬영에 응해 놓고 방송 후 대중적 비난이 쇄도하고 국세청 세무조사까지 받게 되자 그 책임을 방송사 측에 전가하고, 언론사에 허위 사실을 유포해 우리 방송사의 이미지를 악의적으로 실추시켰다."라며 맞대응 했다. 이것도 사실이다. 입증할 수 있기 때문이다. 그 사건과 관련된 두 번째 사실이다. 그녀가 발언한 첫 번째 사실이 두 번째 사실에 의해 반증된 것이다. 그러나 그 사건의 진실은 무엇일까? 어느 쪽 이야기가 진실일까? 그것은 밝혀 봐야 안다. 사실과 진실은 이렇게 다른 것이다.

　기업에서는 사실이란 말보다 '팩트(Fact)'라는 말을 많이 사용한다. 지금부터는 팩트라는 용어를 사용하겠다. 팩트의 정의는 '입증 또는 반증이 가능한 것'이다. 비즈니스맨은 일을 하고 논리를 전개할 때 철저하게 입증할 수 있는 팩트에 입각해서 풀어나가야 한다. 팩트에 입각해서 풀어나가되 한 가지 간과해서는 안 될 것이 있다. 바로 팩트의 진실성을 확보해야 한다는 점이다. 왜 팩트의 진실성을 확보해야 할까? 팩트와 진실은 다르기 때문이다. 팩트의 진실성을 확보하지 못한 채 기획해서 보고하면 경영자들이 오판을 할 수 있다. 팩트의 진실성 확보. 실무자들이 이것을 얼마나 철저히 하느냐에 기획의 성패가 달려 있다고 해도 과언이 아니다.

　'23전 23승 무패'라는 기록은 전 세계 해군의 역사를 통틀어도 없다. 한때 전쟁 영웅들에 대해 연구를 한 적이 있다. '도대체 저 영웅들은 머릿속에 어떤 사고방식을 가지고 있기에 매번 전쟁에서 승리하는가?' 그것이 너무 궁금했다. 아무리 연구해도 우리나라의 이순신 장군만한 인물은 없는 것 같다. 이순신 장군을 연구하기 전에는 '임진왜란 때 거북선을 만들고 불굴의 역경을 헤쳐 내며 백의종군하여 나라를 구한 성웅'으로만 알고 있었다. 그런데 이순신 장군에 대한 일본의 자료를 뒤져보면서 깜짝 놀랐다. 일본에서는 이순신 장군이 '불굴의 역경을 헤쳐 낸 인물'이 아니었다. 그들은 이순신 장군을 '전투가 벌어지기 전에 어떤 형태로든 모든 조건을 승리할 수 있도록 완벽하게 준비한 다음, 전투를 시작해서 적을 완전히 괴

멸시키는 장군'으로 평가하고 있었다. 전투가 벌어지기 전에 모든 조건을 승리할 수 있도록 완벽하게 준비하려면 어떻게 해야 할까? 사전에 팩트의 진실성을 확보하며 정보를 수집해서 철저하게 분석해야 한다. 작가 김훈은 그의 책 《칼의 노래》에서 이순신 장군이 얼마나 철저하게 팩트의 진실성을 확보하려 했는지를 잘 표현하고 있다.

본 것은 본 대로 보고하라
들은 것은 들은 대로 보고하라
본 것과 들은 것을 구별해서 보고하라
보지 않은 것과 듣지 않은 것은 일언반구도 보고하지 말라

장군께서 500년 전에 이런 이야기를 부하들에게 늘 강조했다는 것을 생각하면서 소름이 끼쳤다. 현대를 살아가는 우리들조차도 들은 것을 본 것처럼 이야기하고, 보지도 듣지도 않은 것을 이야기하는 일이 얼마나 많은가? 인터넷 댓글만 봐도 진실을 확인하지 않고 사실만으로 의견을 달아 마녀사냥을 하는 일이 비일비재한 것이 현실이다.

의견이란 '어떤 대상에 대하여 가지는 생각'이다. 논리학에서는 '반론이 존재하는 생각'을 의견이라 한다. 비즈니스맨이라면 논리학의 정의를 따르는 것이 좋을 것 같다. 토론을 할 때 의견 차가 생기면 의외로 잘 좁혀지지 않는다. 절대 좁혀지지 않는다고 생각해도 무방할 것이다. 왜냐하면 의견이란 반론이 존재하는 생각이기 때문이다.

조직에서 일을 하다 보면 상사와 의견 차이로 갈등이 발생하는 경우가

많다. 상사와 의견 차이가 있을 때는 절대 싸우면 안 된다. 100% 부하가 깨지기 때문이다. 1%의 예외도 없다. 의견 차이로 싸우게 되면 감정싸움이 일어나게 된다. 감정싸움이 일어나면 자존심을 다치게 된다. 부하만 다치는 것이 아니다. 상사도 다친다. 자존심을 다치게 되면 부하는 괘씸죄에 걸린다. 괘씸죄는 죄 중에서 가장 무섭고 두려운 죄다. 왜 가장 무서운 죄일까? 복역기간이 없기 때문이다. 한 번 괘씸죄에 걸리면 그 직장을 떠나지 않는 한, 아니 떠난 후까지도 계속 괴롭힘을 당할 수 있다. 괘씸죄에 걸리지 않겠다고 자기 의견도 제대로 피력하지 못하며 일한다면, 그 역시 너무 재미없고 힘들 것이다. 그렇다면 어떻게 해야 할까? 방법은 있다. 추론을 해서 의견을 제시하면 된다.

논리학에서 추론이란 '어떤 판단을 근거로 삼아 다른 판단을 이끌어 내는 것'이다. 비즈니스맨이라면 추론을 '알려져 있는 사실을 바탕으로 알려져 있지 않은 것을 알아내는 것'이라고 생각하면 편할 것이다. 상사에게 의견을 말할 때는 반드시 추론을 해서 제시해야 한다. 즉, 자기 주장(의견)을 하려면 반드시 근거가 있어야 한다는 얘기다. 그 근거는 반드시 팩트여야 한다. 이것을 제대로 못했을 때 듣는 소리가 "그건 네 생각이고."다. 추론을 할 때 주의할 점은 논리의 비약이 있어서는 안 된다는 것이다. 논리의 비약을 막기 위한 사고의 도구가 'So What/Why So'이다. 'So What/Why So'에 대해서는 제2부에서 설명하겠다.

팩트는
현상·원인·배경에 관한 정보
3가지 뿐이다

입증 또는 반증이 가능한 것을 팩트라고 했다. 비즈니스맨은 반드시 입증할 수 있는 팩트를 바탕으로 일을 풀어나가야 한다. 그러나 기획을 할 때 모든 것을 입증해야 한다면 아마 돌아버릴 것이다. 다행히도 기획을 할 때 입증할 수 있는 팩트는 세 가지뿐이다. 배경에 관한 정보, 현상에 관한 정보, 원인에 관한 정보가 그것이다.

현상을 사전에서 찾아보면 다음과 같다. ①현재 있는 그대로의 상태, ②눈앞의 모습. 현상은 따로 정의 내릴 필요 없이 사전 그대로 쓰는 게 더 좋을 것 같다. '현재 있는 그대로의 상태'를 분석하는 것이 현상분석이다. 현상을 분석할 때는 자신의 생각이나 의견이 들어가면 안 된다. 그래서 매우 어렵다. 똑똑한 사람일수록 무언가를 분석하다 보면 자기 생각이 들어가기 때문이다. 그러나 정말 유능한 실무자가 되려면 자기 생각을 배제한 채 팩트에 입각해서 분석할 줄 알아야 한다.

원인은 '어떤 사물이나 상태를 변화시키거나 일으키게 하는 근본이 된 일이나 사건'이다. 원인에 대해서는 모두 이견이 없을 것 같다. 다만 원인도 반드시 입증할 수 있는 팩트여야 한다는 것만 기억하자.

배경의 사전적 정의는 세 가지다. ①뒤쪽의 경치, ②주위의 상태, ③뒤에서 도와주는 세력이나 힘. 기획에서는 '주위의 상태'로 해석하면 된다. 좀 더 정확히 말하면, 배경이란 '현상을 둘러싼 주위의 상태이며, 현상을 압박하는 것'이다. 현상을 자꾸 어디론가 몰아가는 것이 배경이다. '주위의 상태'는 일과 관련된 '환경변화'라고 보면 된다. 그 변화가 현상을 압박하는 것이다. 몇 년 전 신종플루가 유행할 때 우리의 생활, 즉 현상이 달라지지 않았는가? 사람이 많이 모이는 곳에 가지 않고, 손도 자주 씻고, 손소독제도 불티나게 팔려나갔다.

배경에 관한 정보도 반드시 입증할 수 있는 팩트여야 한다. 넓은 의미에서 보면 현상분석이라는 말 속에 현상과 배경, 원인이 포함되어 있다. 현재 있는 그대로의 상태를 분석하는 것이 현상분석이기 때문이다. 그러나 기획을 할 때는 구분해서 사용하자. 현상분석이란 일 그 자체에 대한 분석이고, 배경분석이란 그 일을 둘러싼 환경변화를 분석하는 것이다. 무엇을 현상으로 보고 무엇을 배경으로 볼 지는 실무자 본인이 판단해야 한다.

지금까지 '용어의 정의'가 왜 중요한지를 알아보았다. 그리고 '기획'과 '기획을 할 때 필요한 핵심용어들'에 대해서 정의를 내렸다. 늘 쓰는 용어들이지만 정확하게 정의를 내리고 나니까 머릿속이 더 명쾌해지지 않는가? 다시 강조하지만 용어를 정확하게 알아야 논리적으로 쉽게 설명할 수 있다.

어떤 사안에 대해 보고할 때 논리적으로 쉽게 설명하지 못하면 절대 상사를 설득할 수 없다. 1990년대 초반, 기업들은 PC를 기반으로 한 MIS(Management Information System)를 구축하기 위해 많은 노력을 기울였다. 이 분야는 당시의 CEO들에게 생소한 분야였다. "내가 이해할 수 있게 알기 쉽게 얘기해봐. 알기 쉽게." MIS에 대해 기획해서 보고할 때마다 듣게 되는 대답이었다.

"아직도 많은 의사들이 목구멍을 구협, 광대뼈를 관골이라고 말하고 '꼬였다' '삐었다' 라고 하면 되는데 굳이 '염전' '염좌' 라고 말해요. 쉬운 우리말 용어를 모르기 때문이죠."

대한의학회장을 역임한 지제근 서울대 의대 명예교수의 말이다. 지제근 교수는 쉬운 우리말 용어로 의학지식을 쉽게 풀이한《의학용어 큰 사전》을 펴낸 분이다. 지 교수는 "사전은 아무리 전문적인 내용을 담고 있어도 중학교를 졸업한 사람이 이해할 수 있어야 한다."라고 말했다. 의사 사회에는 쉬운 용어를 쓰지 않는 것을 대수롭지 않게 여기는 풍토가 있지만, 우리말 용어를 모르면 환자에게 병을 제대로 쉽게 설명해 줄 수 없기 때문에 좋은 의사가 될 수 없다는 것이 그의 지적이다.

비즈니스도 마찬가지다. 용어를 정확하게 알아야 쉽게 설명할 수 있다. 쉽게 설명할 수 없으면 훌륭한 상사도 유능한 부하도 될 수 없다.

기획서의 기본구조는 클라이언트·컨셉·플래너 블록으로 이루어져 있다

뒤에 이어질 제2부에서는 기획의 프로세스와 구체적인 방법론에 대해 설명할 것이다. 이에 앞서 기획서의 전반적인 구조와 기획의 전체 프로세스를 간단하게 살펴보자. 그러고 나면 앞으로 전개할 내용을 이해하는 데 도움이 될 것이다.

신입사원 시절, 상사가 기획해서 안을 올리라고 하면, 처음에는 상사가 내 의견을 알고 싶어서 그러는 것인 줄 알았다. 그러나 그게 착각이었다는 걸 깨닫는 데는 그리 오랜 시간이 걸리지 않았다. 상사가 알고 싶어 하는 것은 그 일과 관련된 팩트였다. 따라서 기획서의 앞부분에는 배경과 현상에 관한 팩트를 분석한 내용이 먼저 나와야 한다. 그런 뒤에 실무자의 의견이 나와야 한다. 물론 추론을 통해 나온 의견이어야 한다. 그러면 상사는 실무자가 분석한 팩트를 읽으면서 자신의 생각을 정리한다. 그런 다음 실

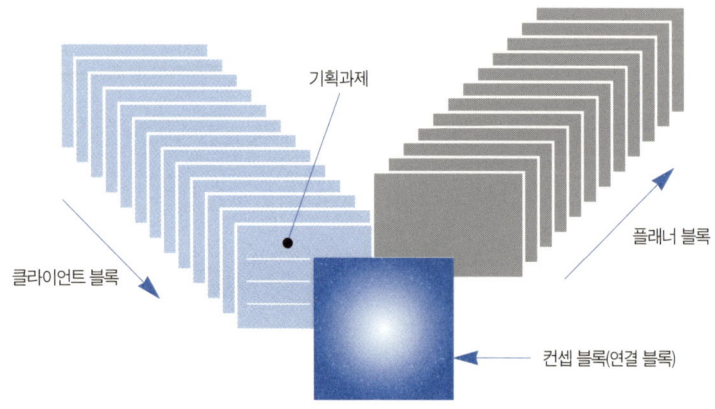

〈그림 1〉 기획서의 기본 구조

무자의 의견을 읽는다. 이 때 상사의 생각과 실무자의 의견이 같으면 기획서에 사인을 한다. 그러나 안타깝게도 상사의 생각과 실무자의 의견이 다르면 어떻게 될까? 곧바로 질문이 들어온다. 그러면 '어디 도망갈 쥐구멍이라도 없나?' 하는 생각이 든다.

  기획공학연구소의 대표인 가세다 신이치는 기획서를 완성하면 그 기본 구조가 크게 세 가지 영역으로 나뉜다고 했다. 클라이언트 블록(Client Block), 컨셉 블록(Concept Block), 플래너 블록(Planner Block)이 바로 그것이다. 클라이언트 블록은 의뢰인의 니즈(Needs) 또는 상사가 요구하는 것을 명확화 하는 블록이다. '팩트 블록'이라고 생각하면 된다. 기획의 배경과 현상에 관한 팩트를 분석해서 이번 기획의 과제가 무엇인지를 명확화한 부분이다. 플래너 블록은 '의견 블록'이다. 클라이언트 블록에서 정리한 과제를 컨셉 하에서 '어떻게 해결할 것인가?'를 구체적으로 생각하는 부분이다. 실무자의 생각과 의견이 들어가 있는 곳이라고 보면 된다. 컨셉 블록은 클라이언트 블록에서 명확화 한 과제를 어떻게 풀어나갈 것인지를 한 마디로 정리한 부분이다. 의뢰인(Client)의 생각과 실무자(Planner)의 생각을 접착제처럼 꽉 붙여서 연결해주는 블록이다. 기획서의 기본구조는 이렇게 세 부분으로 이루어진다. 뒤에 이어질 제2부와 제3부를 읽을 때에는 이 기본구조를 꼭 염두에 두고 읽어나가길 바란다.

기획의 프로세스는
무엇을 기획하느냐에 따라
달라진다

기획은 3요소로 이루어져 있다. 바로 플래닝(Planning), 메이킹(Making), 프레젠테이션(Presentation)이다. 플래닝은 말 그대로 어떤 사안에 대해 기획하는 것이다. 기획이 끝나면 기획서 작성에 들어간다. 기획한 것을 완성한다는 의미에서 메이킹이라고 한다. 기획서를 완성하면 다음 단계가 프레젠테이션이다. 상사에게 제안해서 설득하는 것이다. 그렇다면 플래닝, 즉 기획은 어떤 프로세스를 밟아야 제대로 잘 할 수 있을까?

기획의 프로세스는 무엇을 기획하느냐에 따라 조금씩 다르다. 인사기획 할 때 다르고, 전략수립 할 때 다르고, 상품기획 할 때 다르다. 또 기획을 시작하는 시점에서 주어진 정보의 질과 양에 따라서도 달라진다. 모두 다르지만 어떤 것을 기획하건 공통된 프로세스는 있다. 그 프로세스는 〈그림 2〉와 같다.

첫 번째 단계는 '기획의 방향 결정'이다. 의뢰인 또는 상사, 즉 클라이언트와 코드를 맞추는 과정이다. 의뢰인 또는 상사가 요구하는 방향과 실무자가 생각하는 방향이 같아야 한다. 방향이 잘못되면 뒤통수를 맞는다. 아무리 시간과 노력을 들여 기획해도 "내가 언제 이거 하라고 했냐?"라는 반응이 나온다. 두 번째는 '기획의 니즈(Needs) 분석'이다. 니즈 분석은 기획의 논리적인 근거를 마련하는 단계이며 배경분석과 현상분석으로 이루어져 있다. 가장 힘들고 시간을 많이 투여해야 하는 단계다. 세 번째는 '기획과제 명확화'다. 여기까지가 클라이언트 블록이다. 기획의 방향 결정에서부터 기획과제 명확화까지는 철저하게 팩트에 입각해서 분석해야 한다. 이 단계까지는 절대 실무자의 생각이나 의견이 들어가서는 안 되기 때문에 무척 어렵다. 그 이유는 앞서 언급했듯이 똑똑한 사람일수록 무엇인가를 분석하다 보면 자기 생각이 들어가기 때문이다. 그러나 정말 유능한 실무자라면 자기 생각을 배제한 채 철저하게 팩트에 입각해서 분석해야 한다.

〈그림 2〉 기획의 공통 프로세스

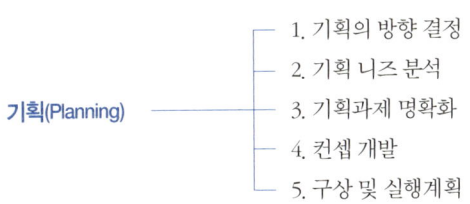

네 번째가 '기획의 꽃'으로 불리는 '컨셉 개발'이다. 이 부분이 바로 컨셉 블록이다. 컨셉은 현상분석을 통해 명확화 한 과제에 대해 그 해결 방법을 한 마디로 표현한 것이다. 이 단계부터 실무자의 의도가 투영되기 시작한다. 컨셉은 기획서에서 두 가지 중요한 역할을 수행한다. '접착제' 역할과 '꼬치구이' 역할이다. 이에 관한 자세한 내용은 제2부에서 설명한다.

다섯 번째가 플래너 블록인 '구상 및 실행계획'이다. '구상'이란 개발된 컨셉 하에서 구체적으로 해결책을 어떻게 찾을 것인지 아이디어를 내는 단계다. '실행계획 수립'은 무엇을 어떻게 할 것인지 'How to do'를 풀어가는 것이다. 예를 들어 스케줄은 어떻게 가져가고, 담당자는 누구로 정하고, 예산은 어떻게 편성할 지를 생각하는 것이다. 다음에 이어질 제2부에서는 이 프로세스에 입각한 기획의 방법론을 구체적으로 알아보자.

2

문제해결형 기획의
프로세스와 방법론

상사들은 기다려주지 않는다. 오후 다섯 시만 되면 일을 하나 툭 던진다. 그런 다음 하는 이야기가 있다. "이거 내일 아침에 볼 수 있을까?" 이건 "내일 아침에 보고해."라는 말의 완곡한 표현일 뿐이다. 매일 야근이다. 짜증이 난다. 야근을 안 할 수는 없을까?
　제2부에서는 상사로부터 지시 받은 일을 신속하게 기획하는 방법에 대해 알아 볼 것이다. 일을 하다 보면 두 세시간만에 해치워야 하는 일이 있고 시일이 한참 걸리는 일도 있다. 신속하게 처리해야 하는 일은 문제해결형 기획의 프로세스를 밟으면 되고, 시일이 필요한 일은 가설 검증형 기획의 프로세스를 밟으면 된다.
　제2부에서는 문제해결형 기획의 프로세스와 방법론 그리고 기획의 전반적인 사항을 함께 다룬다. 상사로부터 지시를 받으면 어떻게 방향을 잡고 어떻게 끝내야 하는지 그 프로세스와 구체적인 방법론에 대해 알아보도록 하자.

기획의
출생증명을 위해
정보를 수집한다

    기획의 프로세스 중 첫 번째가 '기획의 방향 결정'이다. 기획의 방향 결정은 의뢰인 또는 상사가 요구하는 것이 무엇인지를 정확히 밝히는 것이다. 그렇다면 어떻게 해야 기획의 방향을 제대로 잡을 수 있을까?

    첫째, 기획이 왜 태어났는지 출생의 이유를 밝히기 위해 정보를 수집하고, 둘째, 목적을 명확화 하고, 셋째, 기획의 타이틀을 정해야 한다. 이 세 단계만 거치면 방향이 결정된다. 이 세 단계를 몰랐을 때는 나 역시 기획의 방향을 잡는 데만 며칠씩 걸렸다. 아니 방향도 못 잡고 헤맬 때가 많았다.

    기획의 방향을 결정하는 첫 번째 단계에서는 왜 이 기획이 시작되었는지를 밝히기 위해 정보를 수집한다. 제1부에서 일을 시작할 때 목적부터 명확화 해야 한다고 했다. 목적의 명확화를 위해서는 먼저 그 일과 관련된 정보를 수집해야 한다. 맨 땅에 헤딩한다고 목적이 명확화 되지는 않기 때문이다. 자 그렇다면 어떠한 정보를 수집해야 할까? 일본의 정보공학자인 사카이 나오키 교수는 정보를 다음과 같이 정의하였다.

어떤 일이 진행되고 있을 때, 똑같은 상황의 진행형이라면 거기에 어떤 변화가 일어나지 않는 한 일이 순탄하게 진행된다. 그런데 만약 어떠한 변화가 생겼다면 그 변화에 주목하여 점검할 필요가 있다. 그 변화는 그 일의 관계자가 간과할 수 없는 상황이기 때문이다. 이것이 참다운 정보이며, 결국 정보는 '변화' 이다.

변화를 인식하고 포착하는 것은 비즈니스맨에게 무엇보다 중요한 일이다. 변화가 있는 곳에 항상 문제가 발생하거나 새로운 기회가 생기기 때문이다. 법이 바뀌건, 기술이 변하건, 정권이 바뀌건, 소비자의 라이프스타일이 바뀌건 어떤 변화가 일어나고 있는지를 파악해야 한다.

꽤 오래 전의 일이다. 추석 때 처가에 동서들이 모여 저녁 식사를 하면서 술을 한 잔하고 있었다. 장인어른은 사위가 6명이다. 좀 많다. 그나마 다행인 건 6명의 사위가 나이순으로 정렬되어 있다는 것이다. 참 드문 일이다. 그 때 바로 윗동서가 술이 과했는지 "우리 딸이 수학을 못해서 큰일이야." 하며 그 이야기만 반복했다. 그 얘기만 계속하다 보니 대화가 더 이상 진행되지 않고 제자리를 맴돌았다. 그래서 "형님, 이제 그 얘기 그만 하세요. 우리 조카가 진짜 수학을 못하는지 어떤지 내일 제가 봐드릴게요." 하고 약속했다.

다음 날, 조카에게 지금까지 학교와 학원에서 본 수학시험 문제지를 모두 가져오라고 했다. 그런 다음 시험지에 매겨진 점수를 보니, 조카가 처음부터 수학을 못했던 건 아니었다. 학기 초만 해도 95점, 88점, 91점으로 성적이 꽤 괜찮았다. 그러다가 어느 날 63점을 받더니 그 이후로 50점, 53점, 49점으로 성적이 곤두박질 쳤다. 95점, 88점, 91점, 63점, 50점, 53점, 49점. 이와 같은 팩트가 확보되었다.

자 여기서 비즈니스맨이라면 어디에 주목해야 할까? 물론 변화다. 어디가 변화인가? 91점에서 63점, 63점에서 50점으로 떨어진 곳이다. 그래서 세 문제지를 놓고 무엇이 맞고 무엇이 틀렸는지 분석해 보았다.

처음에 +, - 개념이 나올 때는 수학성적이 괜찮았다. 그런데 91점에서 63점으로 떨어졌을 때의 시험지를 보니 '$\frac{1}{2}+\frac{2}{3}$는 얼마인가?'를 묻는 분수 개념이 나오는 게 아닌가? 조카는 그때부터 수학에 대한 흥미를 완전히 잃어버렸다. 이런 아이를 수학을 못한다고 여겨 버리면, 이후로 절대 수학을 잘할 수 없다. 이 아이는 수학을 못하는 게 아니라 분수 개념을 모르는 것이다. 그래서 분수를 왜 배워야 하는지 목적을 가르쳐 주고 분수 개념을 확실히 심어주었다.

"조카야, 분수를 왜 공부해야 하는지 아니? 그건 사물을 분별하기 위해서야. 너 아까 피자 먹을 때 한 판을 8조각으로 잘랐지. 그리고 너 혼자 3조각 먹었잖아. 그러면 네가 8분의 3을 먹은 거야. 어때? 이렇게 사물을 분별하기 위해서 분수를 배워야 돼. 자 그러면 분수에는 어떤 종류가 있고 계산은 어떻게 하는지 알아야겠지?"

아이의 성적은 다시 상승했다. 이와 같이 변화를 분석하면 목적이 명확해진다. 목적뿐만 아니라 학습해야 할(일해야 할) 범위도 명확해진다. 어떤 변화가 생겼다면 그 변화에 주목하여 점검을 해봐야 한다.

변화가 있는 곳에 문제가 발생하고 새로운 기회가 열린다고 했다. 우리나라의 인구통계를 살펴보면, 2000년에 65세 이상 인구가 총 인구의 7.2%로 고령화 사회로 진입했으며 2009년에는 그 비율이 10.7%까지 늘어난 것을 관찰할 수 있다. 이 추세라면 2017년쯤 세계에서 가장 빠른 속도로 고령사회에 접어든다고 한다. 고령화 사회는 총인구 중 65세 이상 인구가 7%를, 고령사회는 14%를 넘어서는 사회를 말한다. 이러한 변화가 지속된다면 앞으로 어떤 기회가 열릴까?

고령사회의 선진국인 스칸디나비아 반도의 스웨덴에서는 '재택 케어 시스템'이 고도로 발달되어 있는데, 거기에서 앞으로 우리나라에 뿌리내리게 될 여러 가지 시스템을 발견할 수 있다.

고령사회가 되면 혼자 사는 노인들이 많아진다. 혼자 살다 보면 집안에서 사고가 발생했을 때 문제가 생긴다. '재택 케어 시스템'이란 집에 있는 노인들에게 이상이 생겼을 경우에 대비한 시스템이다. 인간은 통상 하루에 몇 차례는 화장실에 가고, 냉장고 문을 몇 번은 연다. 이러한 일상적 행위에 이상이 생겼을 때, 그것을 감지하는 시스템을 만드는 것이다. 예를 들어 2일 동안 화장실에 가지 않으면 화장실에 설치된 센서가 그 지역의 센터에 이를 통보한다. 며칠 동안 냉장고를 사용하지 않아도 마찬가지로 통보된다. 그러면 그 센터의 경비원이 통보된 곳을 순회한다. 지금 당장 필요하지는 않지만, 점차 평균수명이 늘어나고 급속히 노령화되고 있으므로 이러한 시스템이 도입될 날도 머지않을 것이다. 이 같은 변화를 파악하면, 관련 비즈니스를 하는 회사에서는 목적을 명확화 할 수 있을 것이다.

변화가 있는 곳에 문제가 발생하고 새로운 기회가 열린다. 기획을 할 때 변화를 파악해서 문제가 발생하면 문제해결형 기획의 프로세스를 밟으면 되고, 새로운 기회가 열리면 가설검증형 기획의 프로세스를 밟으면 된다. 문제해결형 기획과 가설검증형 기획의 관계는, 기획과 계획의 관계와 똑같다. 서로 교집합 관계다. 제2부에서는 문제해결형 기획을, 제3부에서는 가설검증형 기획에 대해 알아 볼 것이다.

목적을 명확화 하는 데는 브레이크스루 씽킹이 최고다

　기획의 방향을 결정하는 두 번째 단계는 '목적의 명확화'다. 목적은 사물의 존재 이유다. 일의 존재 이유라고 생각하면 된다. 목적을 명확화 할 때는 존재의 이유부터 물어 보아야 한다. '이 일이 현 시점에서 우리 팀에 왜 존재해야만 하는가?' 그 이유를 명확히 밝혀야 한다.

　목적을 명확화 할 때 간과해서는 안 되는 점이 하나 있다. 목적에도 레벨이 있다는 것이다. CEO들이 정말 짜증내는 유형의 사람들이 있다. 첫 번째 유형은 목적을 명확히 하라고 하니까 '대(大)목적'을 잡아오는 실무자들이다. 대목적이란 이런 것들이다. '매출증대' '이익증대' '판매목표달성' 정말 짜증난다. 기업에서 하고 있는 모든 일이 매출증대, 이익증대, 판매목표달성을 위해 하는 것들이다.

　제1부에서 기획을 '변화하는 환경 속에서 개별 목적을 달성하기 위하여

관련 환경 요소를 분석·고려하여 실행자의 핵심역량을 발휘할 수 있도록 입안된 기획자의 의도가 투영된 계획을 도모하는 것'이라고 정의하였다. 여기서 '개별 목적'이라는 말에 주목하자. 개별 목적이란 대목적이 아니라 '지금 내가 하려고 하는 일 그 자체의 목적'을 말한다. 목적은 구체적이고 현실적으로 잡아야 한다. 물론 대목적을 잡아도 CEO들이 사인할 때가 있긴 하다. 바쁘기 때문이다. 그러나 사인하면서 생각한다. '얘를 언제 잘라야 하지……' 하고 말이다.

두 번째 유형은 지시사항을 그대로 목적으로 잡는 실무자들이다. 예를 들어 사장님이 "퇴직연금제도에 대해 검토해봐라." 하고 지시를 하자, 직원들이 그 다음 날 열심히 '퇴직연금자료'를 뒤지고 있었다. 지나가던 사장님이 그 모습을 보고, "퇴직연금제도를 왜 검토하는 거지?" 하고 물어보니까 바로 대답한다. "검토하라면서요." 정말 아무 생각 없이 일하는 사람이다.

개별 목적은 구체적이고 현실적으로 잡아야 한다. 이를 위해 반드시 알아야 하는 사고방식이 '브레이크스루 씽킹(Breakthrough Thinking)'이다. 브레이크스루 씽킹은 캐나다 학자 제랄드 내들러와 히비노 쇼조가 정립한 사고방식이다. 브레이크스루 씽킹은 학자들 사이에서 '목적지향적 사고' 또는 '난관돌파 사고'라고 번역되고 있다. 어려운 개념은 아니다. 일을 시작하기 전에 목적부터 명확화 하라는 것이다. 그리고 일을 추진하다가 정말 해결할 수 없는 난관에 부딪쳤을 때, 최초의 단계로 돌아가 목적을 다시 한 번 생각하면 난관을 돌파할 수 있는 새로운 접근 방법을 찾을 수 있다는 것이 브레이크스루 씽킹이다. 기획에서는 이를 '목적지향적 사고'라는 용어로 쓰는 것이 좋을 것 같다.

목적지향적 사고는 일을 시작하기 전에 아래와 같이 네 가지 질문을 수없이 반복적으로 던져서 그 해답을 찾는 것이다. 그러면 매우 구체적이고 현실적인 목적이 명확화 되고, 쓸 데 없는 일을 하지 않을 수 있다.

Why?   왜 해야 하지?
For What?   무엇을 위해 해야 하지?
So What?   그 다음에는 뭘 할 거야? 그걸 하면 어떤 이득이 있지?
But For?   안 하면 안 되나? 이거 안 해도 되는 일 아닐까?

제랄드 내들러와 히비노 쇼조. 두 사람의 캐나다 학자들이 체계화 했지만, 목적지향적 사고의 실무적인 대가는 우리나라에 있다. 누구일까? 현대그룹의 창업자인 고 정주영 회장이다. 정주영 회장 살아생전에 '현대' 하면 어떤 이미지가 떠올랐는가? 무대뽀, 노가다, 불도저, 저돌적, 멧돼지 등일 것이다. 그러나 이러한 이미지는 '시련은 있어도 실패는 없다' 는 정주영 회장의 도전정신과 추진력을 속되게 표현한 것일 뿐이다. 현대, 아니 정주영 회장은 무대뽀나 불도저가 아니었다. 사물의 본질, 일의 본질을 철저히 꿰뚫고 사업을 하셨던 분이다. 정주영 회장의 머릿속에서 이루어지는 사고의 과정을 보지 않은 채, 결과만을 놓고 보니까 무대뽀처럼 보였을 뿐이다.

6.25전쟁 당시 아주 추운 한겨울이었다. 어느 날 UN군 사령부가 발칵 뒤집혔다. 미국의 아이젠하워 대통령 당선자가 부산을 방문하기로 했다는

소식이 전해졌기 때문이었다. 일정 중에는 UN군 묘지 참배 일정도 잡혀 있었다. 당시 UN군 묘지는 황폐하기 이를 데 없었다. 아이젠하워 당선자가 참배하러 가면 수행원, 기자 등 수많은 사람들이 따라 올 것이고, 기자들은 그 사진을 찍어 전 세계에 타전할 터였다. 그 사진이 문제였다. 당시는 한국전쟁이 세계적인 이슈였다. 모르긴 해도 그 사진이 1면 톱으로 실릴 터였다. 1면에 실린 그 사진을 보고 누가 이 땅에 전쟁을 하러 오겠는가? 죽기라도 하면 저렇게 황폐하고 삭막한 곳에 묻혀 대우도 못 받을 텐데…….

UN군 사령부에서는 자칫하면 반전운동이 일어날 수도 있겠다고 판단했다. 고심 끝에 UN군 사령부에서는 건축 일을 한다는 사람들을 모두 모아 놓고, UN군 묘지에 잔디를 깔아주는 업체에게 "달러로 원가의 3배를 주겠다."라고 제안했다. 그 자리에 참석한 모든 사람들은 한겨울에 어떻게 잔디를 까느냐며 실현 불가능한 일이라고 포기했다. 그러나 단 한 사람 정주영 회장만은 생각이 달랐다. 다른 사람들이 모두 불가능하다고 생각했을 때, 정주영 회장은 머릿속으로 목적지향적 사고를 하고 있었다.

'잔디를 왜 깔려고 하지?'
'묘지가 푸르게 보이도록 하기 위해서겠지.'
'무엇을 위해 푸르게 보이려 하는 거지?'
'그래야 돌아가신 분들이 대우 받고 있다는 생각이 들겠지.'
'돌아가신 분들이 대우 받으면 어떤 이득이 있지?'
'그래야 다른 사람들도 희생정신을 발휘하겠지.'

'희생정신을 발휘하면 그 다음은?'
'그래야 전쟁에 승리하지.'
'승리하면 어떻게 되는데?'
'그래야 평화가 유지되지.'

'목적에도 레벨이 있다'는 이야기가 바로 이것이다. 정주영 회장은 잔디를 깔아달라는 지시사항으로부터 평화유지라는 대목적에 이르기까지 사고를 전개한 후, 결국 UN군이 노리는 것은 '돌아가신 분들이 대우 받고 있다는 느낌이 들도록 하기 위해서로구나.' 하고 목적을 명확화 했다. 이것이 개별 목적이며, 구체적이고 현실적인 목적이다. '그렇다면 묘지가 푸르게 보이면 되는 거로구나? 묘지를 푸르스름하게 보이기 위해 페인트칠을 하면 안 될까, 아니면 사진을 합성하면 어떨까?' 하고 여러 가지 대안을 생각했을 것이다. 결국 정주영 회장은 UN군 묘지에 보리 싹을 심기로 결정하고 실행에 옮겼다. 보리 싹이 한 겨울에 잔디처럼 푸르게 자란다는 점을 떠올린 것이다. 결과만 놓고 보면 무대뽀처럼 보일 수 있지만, 그 이면에는 목적을 생각하고 여러 가지 대안을 모색했음을 짐작할 수 있는 대목이다.

제목을 잘못 잡으면
한 페이지도
못 넘기고 깨진다

기획의 방향을 결정하는 마지막 단계는 '기획의 제목 설정'이다. 회사에 다니던 시절, 선배들이 프레젠테이션을 하는 모습을 자주 보았다. 그런데 이상한 건 그렇게 심혈을 기울여 기획해서 프레젠테이션을 하는데, 첫 페이지도 못 넘기고 깨지는 일이 다반사였다는 점이다. 왜 첫 페이지도 못 넘기고 깨졌을까? 바로 제목 때문이다. 그럼 여기서 제목이 얼마나 중요한지부터 알아보도록 하자. 아래의 글을 읽어 보고, 무엇을 설명하고 있는지 그 제목을 맞춰 보자.

가장 난해한 학술자료다. 아무리 연구를 계속해도 그 본질이나 특성이 일목요연하게 정리되지 않는 존재다. 얼음과 불의 특성을 동시에 갖고 있다. 부드러운 성질과 강인한 성질 역시 동시에 갖고 있다. 그 어떤 문장으로도 확실하게 설명할 수 없다.

여기서 하나 더. 제목의 중요성을 게임으로 만든 TV프로그램으로 MBC의 〈전파견문록〉이 있다. 기상천외한 아이들의 발상이 돋보였던 프로그램이다. 다음은 그 프로그램에 나왔던 사례들인데, 글을 읽고 무엇을 설명하는 것인지 생각해 보자.

"아빠가 제일 크고, 그 다음이 나예요. 엄마가 제일 작아요."
"어린이들은 학교에서 하고, 어른들은 놀면서 이걸 해요."
"엄마는 자기 걸 안 쓰고, 내 걸 많이 써요."

브랜스포드와 존슨(Bransford and Johnson, 1972)은 제목을 알았을 때와 그렇지 않았을 때, 읽는 사람의 이해도가 어떻게 달라지는지를 연구하였다. 대학생을 두 집단으로 나누어, 한 집단은 글을 읽기 전에 제목을 알려 주고, 또 다른 집단은 글을 읽은 다음에 제목을 알려 주었다. 그런 다음 두 집단의 이해도와 기억력을 테스트하였다.

실험 결과 첫 번째 집단이 두 번째 집단보다 두 배 정도 잘 기억하는 것으로 나타났다. 제목을 알고 읽으면 이해도가 높아진다. 이해도가 높을수록 잘 기억할 수 있다는 것은 자명한 이치다.

회사에서 일할 때의 일이다. 어떤 사안에 대해 기획을 해서 올리면, 실장님이 직원들에게 자주 하는 소리가 있었다. "제발, 제목만 보고 사인할 수 있게 해다오. 내가 언제 이걸 다 읽어보냐?" 처음엔 높은 사람들이 으레 하

는 소리겠거니 하고 생각했다. '에이, 어떻게 제목만 보고 사인을 하게 만들어. 말도 안 되는 소리지.'

그러나 제목이 얼마나 중요하고 어떻게 제목을 잡아야 하는지를 깨닫는 데에도 그리 오랜 시간이 걸리지 않았다. 제목만 보고도 이 기획서에 무슨 내용이 쓰여 있는지를 파악할 수 있도록 해야 한다. 자, 그렇다면 기획서의 제목은 어떻게 잡아야 하는 걸까? CEO들은 제목을 통해 무엇을 알고 싶어 하는 것일까?

'내가 무엇을 위해 어떠한 기획서를 만들려고 하는가?' 이 질문에 대한 답이 바로 제목이다. 그 답은 바로 '목적'과 '범위'에서 찾을 수 있다. 제목에 목적과 범위가 들어가면 된다. '무엇을 위해'가 바로 목적이다. 목적은 일의 본질이라고 했다. 그리고 '어떠한 기획서를 만들려고 하는가?'에 대한 답이 일의 범위이다.

CEO들이 제목을 통해 알고 싶은 것은 '일의 본질이 무엇인가?' '일의 범위가 무엇인가?' 두 가지다. 즉, 기획자가 이번 기획을 통해 '무엇을 위해 무엇을 하고자 하는가?'를 명확히 하라는 것이다. 그래서 가급적 제목을 잡을 때는 '~을 위한 ~(안)'의 형태로 잡아야 한다. 앞에 목적을 기술하고, 뒤에 범위를 적으면 된다.

2박3일간 '기획서·보고서 작성 교육'을 할 때의 일이다. 교육생들에게 그 동안 작성한 문서 중 가장 잘 만든 문서를 한 부씩 들고 오라고 했다. 교육 받은 내용을 토대로 무엇이 잘못되었는지, 어떻게 개선하면 잘 표현되는지를 실습하기 위해서였다.

한 교육생의 문서를 읽어 보니 제목이 '시스템 운영평가 결과'였다. 그 제목으로는 무엇을 위해 무엇을 하려는 것인지 알 수 없었다. 뒤에 어떤 내용이 전개될 지도 감이 잡히지 않았다. 그래서 목적과 범위로 다시 한 번 생각해보라고 요청했더니 제목을 '안정적 시스템 오픈을 위한 시스템 운영 평가결과 및 개선방안' 이라고 바꿔 잡았다. '안정적 시스템 오픈을 위한' 이 목적, 즉 일의 본질이다. '시스템 운영 평가결과 및 개선방안' 이 일의 범위이다. 제목만 보더라도 뒤에 어떤 내용이 전개될지 명쾌하지 않은가?

IT업체 한 곳에서 교육을 할 때는 제목이 없는 문서를 본 적도 있다. 기술은 뛰어나지만, 아직 경영관리체계가 제대로 안 되어 있는 듯 한 느낌을 받았다. 제목도 없이 고객에게 "첫 번째 내용은 이러이러하다."라며 프레젠테이션을 하는 것이나 다름없었다. 고객이 그 내용을 제대로 이해할 리가 없었다. 그래서 제목을 목적과 범위로 잡아보라고 했더니 이렇게 잡았다. '운영환경의 기능개선을 위한 패치 적용 절차' 역시 명쾌하지 않은가? '패치' 는 '패치 파일(Patch File)' 의 약자로, 업그레이드나 땜질을 하는 파일이라고 보면 된다. 프로그램에서 문제가 발생하거나 약간의 오류가 있을 때, 또는 기능을 추가시킬 때 제작사에서 패치 파일을 만들어 배포한다. 원본소스를 보완하는 것이다.

그런데 위와 같이 제목을 '목적' 과 '범위' 로 잡으면 제목이 길어진다. 제목은 짧을수록 좋다. 어떻게 하면 제목을 짧게 잡을 수 있을까?

오라클(Oracle)에서 강의하던 때의 일이다.(오라클에 양해를 구하진 못했지만, 10년 전의 일이라 보안상의 문제가 없을 것 같아 실명을 거론한다.) 강의를 하면서 교육생의 문서를 보니 제목을 참 잘 잡았다는 생각이 들었다. 〈신기한 한글나라)로 유명한 영·유아 교육회사인 한솔교육에 오라클의 상품을 설명하는 제안서였는데, 제목이 다음과 같았다. '한솔교육 영업력 강화를 위한 오라클 영업지원시스템 설명회' 목적과 범위가 명확하고, 뒤에 전개될 내용까지 한 눈에 들어온다. 그런데 문서에는 어떤 형태로든 중복이 있어서는 안 된다. '영업력 강화를 위한'이라는 목적과 '영업지원시스템'이라는 부분이 중복된다. 따라서 '영업력 강화를 위한'이 필요 없고, 제안의 당사자인 '오라클'도 필요 없다. 그 부분을 빼면 제목이 짧아진다. '한솔교육 영업지원시스템 설명회' 이것만으로도 의미가 충분히 전달된다.

위의 오라클 사례에서 보았듯이 제목을 짧게 잡는 방법은 '목적'과 '범위'를 결합시키는 것이다. 예전에 서울시에서 난지도를 개발할 때 수립한 기획의 제목이 '상암 새천년 신도시 개발계획'이었다. 목적이 '새천년 신도시 개발'이다. 범위는 '상암동'이다. 두 가지를 결합하면 '상암 새천년 신도시 개발계획'이 된다. 이와 같이 목적과 범위를 결합시키면 제목이 짧아진다. 그러나 무리하게 제목을 짧게 잡을 필요는 없다. 짧은 것보다 더 중요한 것은 다소 길더라도 제목에 '목적'과 '범위'가 들어가는 것이다. 좀 길더라도 CEO들이 제목만 보고 판단할 수 있게 만들면 된다. CEO들이 알고 싶어 하는 것은 '일의 본질이 무엇이고, 일의 범위가 무엇인지'이다. 명심하라. 제목을 잘못 잡으면 한 페이지도 못 넘기고 깨진다.

73쪽에서 제시한 첫 번째 글의 제목은 '여자'다. 작가 이외수 씨의 《감성사전》에 나오는 '여자'의 정의를 내가 조금 수정한 것이다. 〈전파견문록〉에 나왔던 설명의 제목들은 위로부터 '방귀' '탬버린' '이름'이다. 자,

이제 다시 한 번 앞의 글을 읽어 보자. 제목을 알고 있으면 내용에 대한 이해도가 확실히 높아진다.

여기까지가 기획 5단계 프로세스 중 첫 번째인 '기획의 방향 결정'이다. 기획의 출생 증명을 위한 정보를 수집해서, 목적을 명확화 하고, 기획의 제목을 정하면 기획의 방향이 결정된다.

클라이언트 블록을
명확화 할 때 실무자의 생각이
들어가서는 안 된다

    기획의 방향을 결정한 뒤에는 '니즈 분석'에 들어간다. 니즈 분석을 하는 이유는 기획의 논리적인 근거를 마련하기 위해서다. 자, 여기서 잠시 기획의 5단계 프로세스에 따른 설명을 중단하고 문제해결형 기획의 시작부터 끝까지 전 과정을 한 장으로 정리하는 일부터 해 볼까 한다. 그런 다음 다시 니즈 분석 단계로 돌아와 상세한 내용을 살펴보도록 하겠다. 문제해결형 기획의 프로세스를 한 장으로 정리하지만, 이것 역시 기획의 5단계 프로세스를 그대로 따르고 있다는 것을 명심하자.

    지금부터 설명하는 내용은 회사를 그만 두고 강의와 컨설팅을 시작할 당시, 회사 다닐 때 익혔던 지식과 경험을 바탕으로 정리한 것이다. '신세계'를 시작으로 16년 동안 수많은 기업에서 강의를 해왔는데, 그래서인지 지금은 여기저기 많이 알려져 있는 것 같다.

일본의 문제해결 전문가인 요시다 히로시는 그의 저서 《문제정리법》에서 '4각의 법칙'을 제시하였다. 이 '4각의 법칙'은 기업에서 문제를 명확화 할 때 사용할 수 있는 매우 간단하고도 효과적인 방법이다. 그가 제시한 '4각의 법칙'은 다음과 같다.

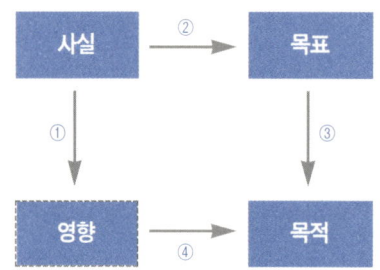

① 문제의 사실로부터 (-)영향이 파생되는 것
② 문제의 사실을 기대하는 목표로 바꾸는 것
③ 목표를 달성함에 따라 목적을 실현하는 것
④ (-)영향을 없애고 목적을 실현하는 것

나는 이 '4각의 법칙'의 토대에 회사에서 익힌 지식과 경험을 더해 '문제해결형 기획의 프로세스'를 정립하였다. 이 프로세스가 몸에 배면 기획을 매우 빠른 속도로 진행할 수 있다. 문제해결형 기획의 프로세스를 한 장으로 정리하면 〈그림 3〉과 같다.

어렸을 때, 나는 수줍음이 많고 굉장히 내성적인 성격이었다. 사람들과 쉽게 친해지지 못했고 주변 사람들과 이야기하는 것도 두려워했다. 그러다가 대학에 들어가서 술을 배웠다. 술을 마시니 자신감이 생기기 시작했다. 지금 생각하면 객기였다. 그 때부터 사람을 사귈 때 술을 즐기기 시작했다. 회사에 입사해서 여러 가지 일을 하다가, 회사를 그만 두기 2년 전부터 업무상 술자리가 많은 일을 하게 되었다. 2년 동안 거의 매일 마신 것 같

※ **〈그림 3〉** 문제해결형 기획의 프로세스 ※

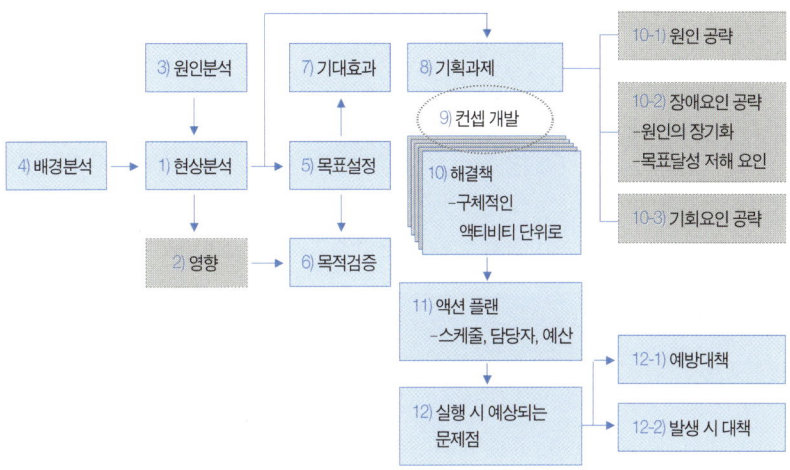

다. 그러다 보니 몸무게가 급격히 늘었다. 원래는 키 179cm에 체중은 56kg 밖에 안 나갔었다. 꼬챙이였다. 그런데 매일 술을 마시다 보니 체중이 96kg이 되었다. 2년 만에 40kg이 불어난 것이다. 회사 생활을 7년 4개월 만에 그만둔 데에는 여러 가지 이유가 있지만, 그 중 하나가 술 때문이다. 문제해결형 기획의 프로세스를 1995년 당시 나의 체중으로 풀어나가겠다.

그런데 이 프로세스를 밟기 전에 반드시 해야 할 것이 있다. 바로 '기획의 방향 결정'이다. 기획의 출생 증명을 위한 정보를 수집하고, 목적을 명확화 하고, 기획의 제목을 잡은 후에 이 프로세스를 진행해야 한다. 기획의 방향을 잡은 후에는 먼저 클라이언트 블록을 명확화 해야 한다. 문제해결형 기획의 프로세스 중 클라이언트 블록은 〈그림 4〉와 같다.

〈그림 4〉 문제해결형 기획의 프로세스 중 클라이언트 블록

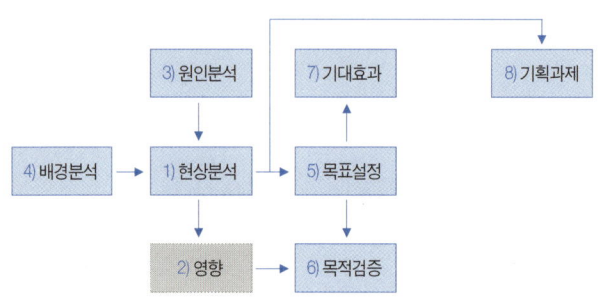

① 기획의 방향을 잡은 후 제일 먼저 하는 것이 현상분석이다. 1995년으로 돌아가 체중과 관련된 현상을 분석하면, 체중 96kg이다. 1995년에 체중이 96kg이었다는 것을 어떻게 입증할 수 있는가? 건강기록부를 보면 입증할 수 있다. 1993년 사진과 1995년 사진을 비교해 보아도 금세 입증할 수 있다. 입증할 수 없으면 말을 꺼내지도 말아야 한다. 이와 같이 기획의 방향을 정한 후 현상분석부터 실시해야 한다. 이 때 현상은 반드시 팩트여야 한다.

② 현상을 분석한 뒤에는 '현상이 지속되면 어떠한 영향이 미칠까?'를 파악해야 한다. 이 때 영향은 (-)관점에서 파악한다. '체중 96kg이 지속되면 성인병에 걸릴 것이다.' '무릎 관절에 무리가 올 것이다.' '외모가 형편없어질 것이다.' '외모가 형편없으니 여직원들에게 인기가 하락할 것이다.'

제1부에서 클라이언트 블록을 명확화 할 때는 팩트에 입각해서 해야 한

다고 했다. 절대 자기 생각이나 의견이 들어가면 안 된다. 영향은 팩트일까, 의견일까? 의견이다. "너, 삐쩍 말랐을 때보다 훨씬 좋아 보여. 나이가 들면 풍채가 있어야지." 하고 얼마든지 다른 생각을 제시할 수 있다. 클라이언트 블록에는 팩트만 분석하고 자기 생각이 들어가면 안 된다고 했는데, 왜 여기에 영향 즉, 의견이 들어갈까? 염려할 필요 없다. 이 영향 부분은 나중에 사라진다. 그래서 점선으로 표시했다. 어떻게 사라지는지는 과제를 명확화 할 때 설명하겠다.

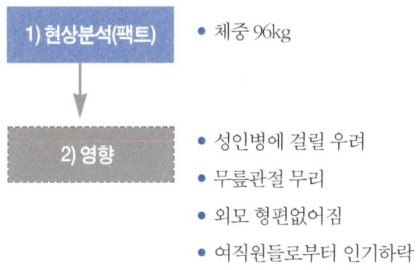

영향을 평가할 때는 객관적으로 하는 것이 중요하다. 객관적으로 한다는 것은 자기와의 관계에서 벗어나 제3자의 입장에서 사물을 보거나 생각하는 것을 말한다. 영향을 평가하는 것은 실무자의 의견, 즉 생각이지만 가급적 객관화 해야 한다. 객관적으로 사물을 바라보려면 2가지가 필요하다.

첫째, 영향을 평가할 때 공리(公理)수준으로 해야 한다. 공리란 '일반 사람과 사회에서 두루 통하는 진리 또는 도리'이다. 논리학에서는 '증명이 필요 없는 자명한 진리'라고 한다. 예를 들면 이런 것이다. '늙으면 죽는다.' '나이가 들면 기력이 떨어진다.' '술을 많이 먹으면 개가 된다.' 이러한 것들은 증명할 필요가 없다. 아니 증명하려다 큰 일 난다. "어디 술 많이 먹으면 개가 되는지 한 번 먹여보자." 이럴 수는 없지 않는가? 누가 봐도 상식적인 수준에서 수긍할 수 있도록 평가하면 된다.

둘째, 측정할 수 있도록 수치화 하는 것이다. "저 물병의 물이 따뜻한가, 미지근한가, 차가운가?" 저마다 느끼는 감각에 따라 다르게 여길 수 있지만, 온도를 측정해서 얘기하면 아무도 이견을 달 수 없다. 정해진 수치가 없다면 여러 사람에게 물어 답을 구하는 앙케트 조사를 하는 방법도 있다. 많은 사람들이 답이라고 하면 그것이 정답이다.

③ 영향을 평가한 뒤에는 현상을 만든 원인을 분석한다. 체중 96kg을 만든 원인은 '매일처럼 이어진 지나친 음주'다. 원인도 팩트다. 그러면 1993년부터 1995년까지 매일 술을 먹었다는 것을 어떻게 입증할까? 신용카드의 기록을 조회하면 입증될 것이다. 조회하면 대부분 새벽에 결제한 것을 발견할 수 있다. 상호도 이상하다. 찾을 수 없다면 주변 사람들의 증언으로도 입증할 수 있을 것이다.

④ 원인을 분석한 뒤에는 배경을 분석해야 한다. 배경은 현상을 둘러싼 주위의 상태이며, 현상을 압박하는 것을 말한다. 간단히 말해 '환경변화'다. 95년을 기점으로 체중과 관련해 어떤 변화가 있었는가? 95년에는 비만이 병이라는 것이 이미 의학적으로 밝혀졌다. 그 이전에는 비만을 병으로 생각하지 않았다. 운동이 부족하다거나 영양상태가 지나치다는 얘기는 했지만 병이라고까지는 생각하지 않았다. 배경도 팩트다. 비만이 병이라는

것을 어떻게 입증할까? 내가 의사도 아니고 그와 관련된 일을 하는 것도 아니다. 이럴 때 내가 직접 입증할 필요는 없다. 출처를 정확히 밝히면 된다. "○○년 ○○월 ○○일 어느 기관의 연구결과에 의하면 복부비만이 돌연사의 주범이다."라는 식으로 의학적으로 증명된 출처를 밝히는 것이다. 배경은 주로 환경변화에 관한 부분이므로 출처를 정확히 밝혀야 한다.

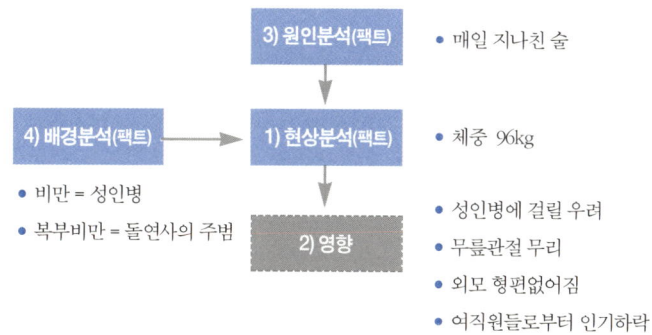

⑤ 배경을 분석하면 이것이 현상을 압박한다. 현상을 어디론가 몰아가 버린다. 목표가 생기는 것이다. 그러면 다음과 같은 목표를 설정할 수 있다. "1년 이내에 체중을 80kg으로 줄인다." 목표는 기간과 레벨이 들어가야 한다고 했다. 1년이라는 기간과 80kg이라는 레벨이 명확하다.

⑥ 목표를 설정한 뒤에는 목적을 검증해 보아야 한다. 기획의 방향을 결정할 때 목적을 이미 명확화 했지만, 이렇게 자세히 분석하다 보면 애초에 목적을 제대로 잡은 건지 한 번쯤 검증할 필요가 생긴다. 목적은 목표를 달

성함으로써 (-)영향을 최소화시키는 방향으로 명확화 하면 된다. "1년 이내에 체중을 80kg으로 감량함으로써 성인병에 걸리지 않도록 한다, 무릎 관절을 보호한다, 외모를 회복시킨다, 여직원들로부터 인기를 회복한다." 이렇게 목적을 검증하면 된다.

그런데 목적이 너무 많다. 다목적(多目的)이다. 목적은 일의 본질이다. 본질은 하나로 잡는 것이 좋다. 목적이 너무 많으면 배가 산으로 올라간다. 예를 들어 본사에서 기획해서 전 사업장에서 실행해야 할 때, 4가지 목적을 설정해 공문을 보내면 사업장마다 다르게 행동한다. 사업장마다 이해 관계나 처한 환경이 모두 다르기 때문이다. 어떤 사업장은 성인병에 걸리지 않으려고 노력하고, 다른 사업장은 무릎 관절을 보호하려고 하고, 또 다른 사업장은 외모를 회복하거나 여직원들로부터 인기를 회복하려고 할 것이다. 이런 식이라면 일의 본질을 달성할 수 없다. 구체적이고 현실적인 개별 목적을 잡아야 하는 이유다.

내게 있어 구체적이고 현실적인 목적은 '무릎관절 보호' 다. 내 직업은 산업교육 강사다. 강사의 가장 중요한 미션은 강의를 유익하고 재미있게 하는 것이다. 특히 나는 한 시간이나 두 시간 정도의 특강은 잘 하지 않는다. 보통 하나의 주제를 16시간에서 24시간 정도 진행하는 프로그램을 운영한다. 하루 8시간씩 잡으면 한 과정에 2일에서 3일 정도가 소요된다. 프로그램에 참가한 교육생들이 2~3일 동안 졸지 않고 집중하게 하려면 무릎이 튼튼해야 한다. 교육생에게 다가서기도 하고, 이리저리 이동하며 강의를 해야 한다. 만일 무릎이 고장 나서 휠체어를 타고 강의한다면 교육생들이 집중할 수 있을까? 아마도 1시간 정도는 동정심 때문에 집중해 줄 것이다. 그런데 이 때 목적을 '건강관리'로 잡는 사람들이 있다. 그러나 건강관리는 대목적이다. 건강관리와 무릎관절 보호. 나중에 해결책을 찾을 때 어느 쪽이 보다 구체적이고 실행 가능하겠는가? 개별 목적은 무릎관절 보호다.

⑦ 그러면 나머지 세 가지는 꿔다 놓은 보릿자루인가? 아니다. 기대효과로 보내면 된다. "사장님, 이런 목적 하에서 이런 목표를 달성하면 이러한 기대효과도 있습니다. 성인병도 관리할 수 있고요. 외모도 회복하고 여직원들로부터 인기도 회복할 수 있습니다." 실제 기획서나 보고서를 보면 목적, 목표, 기대효과가 중언부언 되어 있는 경우가 많다. 그러나 지금까지 설명한 방식대로 정리하면 목적, 목표, 기대효과가 말끔히 정리될 것이다.

⑧ '문제'는 '바람직한 상태(목표)와 현상간의 차이(Gap)이며, 해결을 요하는 사항'이라고 정의했다. 현상을 분석하고 목표를 설정하면 차이가 발생한다. 문제는 체중 96kg과 80kg의 차이, 즉 16kg이다. 이것이 '기획과제'다. 기획과제는 "1년 이내에 체중 16kg을 감량한다."로 명확화 할 수 있다. 여기까지가 클라이언트 블록이다. 다만 나중에 기획서로 옮길 때는 '영향' 부분을 제거하고 작성하면 된다. 기획서에는 중복이 있어서는 안 되기 때문이다. 영향과 목적, 기대효과는 말만 바꾸어 놓은 것이지 서로 중복된다. 영향은 목적을 검증하고 기대효과를 도출하기 위한 논리적 수순을 밟기 위해 필요했을 뿐이다.

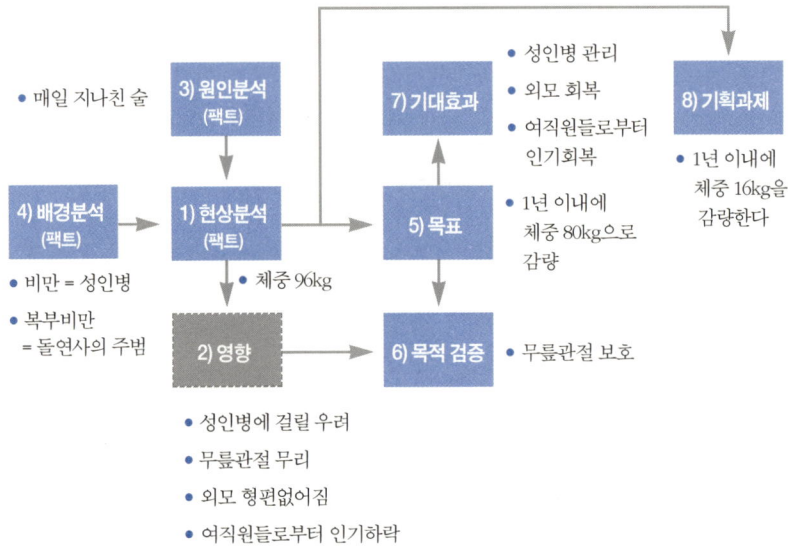

　클라이언트 블록을 명확화 할 때는 절대 자기 생각이나 의견이 들어가면 안 된다고 했다. 자, 지금까지 설명한 내용을 바탕으로 자기 생각이 들어가는지 확인해 보자. 현상과 원인, 배경은 팩트를 분석한 것이다. 영향은 기획서를 작성할 때 제거한다고 했으니 생각할 필요 없다.

　목적, 목표와 기대효과는 실무자 즉, 자신이 생각해서 작성한 것이다. 자신이 작성했지만 그것이 자신의 생각일까? 만일 그렇다면 상사로부터 깨질 것이 뻔하다. 목적, 목표, 기대효과는 상사 또는 회사가 요구하고 기대하는 것을 명확화 한 것이다. 자기가 작성했지만 자신의 생각은 아니다. 그런 다음 목표와 현상간의 차이를 도출해 과제를 명확화 한다. 이와 같이 클라이언트 블록을 명확화 할 때는 실무자의 생각이 들어가서는 안 된다.

컨셉 블록부터
실무자의 의도와 생각이
들어간다

앞에서 문제해결형 기획 중 클라이언트 블록에 대해 살펴보았다. 지금부터는 문제해결형 기획 중 컨셉 블록과 플래너 블록에 대해 알아보도록 하자.

⑨ 클라이언트 블록을 완성하면서 과제를 명확화 했다면 이어서 컨셉 개발에 들어간다. 컨셉은 '현상분석을 통해 명확화 한 과제에 대하여 그 해결 방법을 한 마디로 표현한 것'이다. 여기서부터 실무자의 의도가 들어가기 시작한다.

⑩ 컨셉을 개발한 후에는 그 컨셉 하에서 어떠한 해결책을 쓸 것인가를 생각해야 한다. 해결책은 그것이 실행으로 연결될 수 있도록 구체적인 액

티비티(Activity, 활동) 단위로 찾아야 한다. 그렇다면 해결책을 찾기 위해서는 기획과제의 어느 부분을 공략해야 할까?

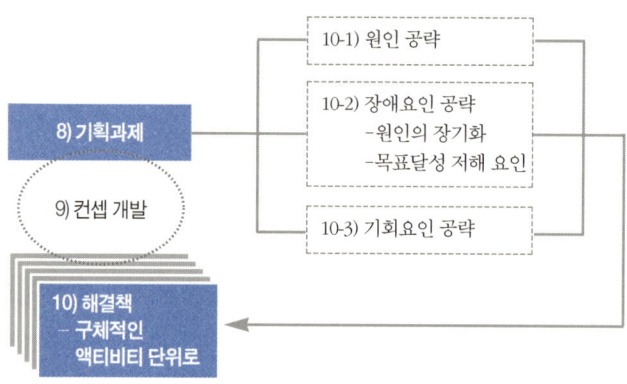

첫째, 원인을 공략한다. 원인은 클라이언트 블록에서 이미 명확해졌다. 원인을 제거할 때는 인과관계를 철저하게 따져서 논리적으로 생각해야 한다. 체중을 빼기 위해 술부터 끊어야 한다. 그런데 2년간 매일 술을 먹다 보면 술을 끊는다는 게 쉬운 일이 아니다. 오후 다섯 시만 되면 업무수첩을 뒤진다. 뒷부분에 적힌 연락처를 보면서 한 명 한 명 찾기 시작한다. '오늘은 누구랑 한 잔 하지.' 이 정도 되면 알코올 중독이다. 원인을 제거하려고 해도 뜻대로 안 된다. 원인이 장기화되었기 때문이다. 이렇게 원인이 장기화되면 더 이상 원인이 아니다. 논리적으로 아무리 풀려고 해도 풀리지 않기 때문이다. 원인이 장기화되면 '장애요인'으로 바뀐다.

둘째, 바로 이 장애요인을 공략한다. 장애요인이란 어떤 사물의 진행을 가로막아 충분한 기능을 발휘하지 못하게 하는 요인이다. 기획을 할 때 장애요인은 두 가지다. 한 가지는 앞서 설명한 '원인이 장기화된 것' 이다. 원인이 장기화된 것은 클라이언트 블록의 원인분석 때 이미 정리해 두었다. 다른 한 가지는 '목표달성 저해요인' 이다. 이것은 이 단계에서 새롭게 생각해서 정리해야 한다. 목표달성을 저해하거나 가로막는 요인들이 무엇이 있는지 찾아야 한다. 예를 들어 콜럼버스가 신대륙을 찾기 위해 이사벨 여왕으로부터 탐험 허가를 받은 뒤 선원들을 모집하는데, 핀손 형제를 제외하고는 자발적으로 나서는 사람이 아무도 없었다. 선원을 구하지 못해 애를 먹은 것이다. 이러한 것이 목표달성 저해요인이다.

원인은 논리적으로 풀어야 하지만, 장애요인에 대한 해결책은 논리적으로 접근해봐야 별 뾰족한 수가 안 나온다. 장애요인을 극복할 때는 상식으로부터 탈피해서 창의력을 발휘해야 한다. 기존의 방법으로는 해결책이 나오지 않기 때문이다.

아무리 술을 먹지 않으려고 해도 그게 잘 안 된다. 이럴 때는 상식에서 벗어나 새로운 방법을 찾아야 한다. 예를 들면 오후 다섯 시만 되면 밧줄로 몸을 꽁꽁 묶어 놓는 식이다. 콜럼버스의 경우에는, 이사벨 여왕으로부터 허락을 받은 후, 과거의 죄를 모두 사면해주는 조건으로 죄수들을 선원으로 데리고 갔다.

셋째, 기회요인을 공략한다. 기획을 왜 하는가? 조직에 문제가 발생하고 위기가 닥칠 것 같으니까 하는 것이다. 위기는 '위험과 기회' 의 준말이다. 조직에 변화의 바람이 불고 위기가 닥치면 반드시 기회도 따라오게 되어 있는데, 그 기회요인을 찾아내어 해결책을 마련하는 것이다.

그렇다면 기회요인은 어디에서 찾아야 하는가? 클라이언트 블록의 배경분석에서 찾을 수 있다. 배경분석은 간단히 말해 환경변화다. 그 변화 속에서 기회를 찾는 것이다.

1998년에 정부가 일본문화를 단계적으로 개방하겠다고 발표했다. 무수한 반대에도 불구하고 우리나라는 2004년 1월 영화·게임·음반시장을 모두 일본에 개방했다. 지금 어떻게 되었는가? 배용준이 일본 여성들의 사랑을 독차지하고, 소녀시대나 카라 같은 케이팝(K-pop) 그룹들은 콘서트 한 번에 수만 명의 일본 팬들을 끌어 모으고 있다. 1987년에는 미국 영화사에 직접 배급을 허용했다. 그 때 영화인들이 거리에 모여 시위를 하는 것을 본 적이 있다. 미국 영화사들의 '끼워팔기'로 한국 영화가 다 죽을 것이라는 것이 시위의 이유였다. 당시 미국 영화 상영에 반대해 극장에 뱀을 풀거나 불을 지르는 일까지도 있었다. 그러나 이후 한국 영화의 경쟁력은 놀라울 정도로 강화되었다. 한국 영화의 국내 시장 점유율은 25%에서 53%로 상승하였다.

변화 속에 기회가 있다. 변화가 없으면 기회도 생기지 않는다. 기획통이라고 불리는 사람들은 특히 이 기회요인을 잘 찾아낸다. 원인, 장애요인, 기회요인. 이 세 가지를 공략하여 해결책을 구체적인 액티비티 단위로 찾아내야 한다.

⑪ 해결책을 찾으면 그 다음은 액션 플랜(Action Plan) 즉, 실행계획이다. 실행계획은 액티비티 별로 스케줄을 잡고 담당자를 정하는 것이다. 그런 다음 예산을 수립하면 된다. 보통 이 단계에서 기획을 끝내는 사람들이 많은데, 기획통이라면 한 단계 더 나가야 한다. 기획이 중요한 것이 아니다.

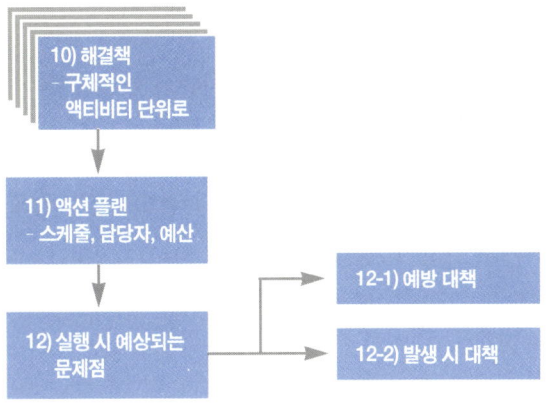

실행해서 성과를 내지 못하면 아무 소용이 없다.

⑫ 액티비티 별로 스케줄을 잡았다면 실행 시 예상되는 문제점을 찾아야 한다. 예전에 강남의 한 백화점에서 이벤트를 한 적이 있었다. 1원짜리 동전을 가져오는 고객에게 라면 한 박스를 증정하는 이벤트였다. 당일 아침, 사람들이 구름처럼 몰려 안전사고 때문에 백화점 문도 열지 못했다. 화가 난 고객들은 백화점의 유리창까지 깼다. 이러한 것이 실행 시 예상되는 문제점이다. 실행 시 예상되는 문제점을 찾아내서, 그 문제점이 발생하지 않도록 예방대책을 마련해야 한다. 그러나 예방대책을 마련했음에도 불구하고 문제가 터지는 경우가 있다. 따라서 문제가 발생했을 때 어떻게 대처할 것인지, 발생 시 대책도 준비해야 한다.

지금까지 문제해결형 기획의 전체 프로세스를 설명하였다. 이와 같이 논리를 전개한 뒤에 기획서 형태로 옮기면 된다. 단 실행 시 예상되는 문제점, 예방대책, 발생 시 대책은 조직에서 잘 사용하지 않는 용어. 기획서로 바꿀 때는 이 세 가지를 묶어서 '리스크 대책' 이라는 표현을 쓰면 된다. 클라이언트 블록부터 플래너 블록까지 기획의 전체상을 파악하려고 하니 내용이 길었다. 숨이 차다. 독자들도 마찬가지 심정일 것이다.

현상과 배경을 분석할 때는 가급적 피라미드 구조로 한다

지금부터는 다시 기획의 5단계 프로세스로 돌아가 하나하나 상세히 설명하겠다. 첫 번째는 기획의 방향을 결정하는 것이다. 이에 대해서는 앞에서 설명했다. 두 번째 단계는 기획 니즈 분석이다. 이 단계는 기획의 논리적인 근거를 마련하는 단계다. 기획 니즈 분석은 배경분석과 현상분석으로 이루어져 있다. 기획을 할 때 이 단계가 가장 어렵고 중요하다. 그래서 내용이 좀 길다. 다소 힘이 들더라도 놓치지 말고 잘 따라와 주길 바란다.

앞에서 문제해결형 기획의 전체 프로세스를 설명할 때 현상분석은 '체중 96Kg' 한 가지로, 배경분석은 '비만=성인병' '복부비만=돌연사의 주범' 두 가지로 예를 들었다. 그러나 실제 비즈니스 현장에서 벌어지는 일을 한두 가지로 간단하게 분석하기는 쉽지 않다. 간단하게 분석할 수 있는 사안도 있기는 하지만, 언제나 그렇지는 않다. 실제 상황에서는 수많은 팩트들이 복잡하게 얽혀 있는 경우가 더 많다.

예를 들어 보자. Q마트의 한 매장에서는 점내 고지물·신문광고·전단지 등에 기재된 내용에 오류가 발생하여, 실제 매장에서 판매하는 것과 내용이 달라서 고객 컴플레인이 증가하고 있다. 아래는 이 문제를 해결하기 위해 실무자가 수집한 팩트들이다. 좀 많기는 하지만 한 회사에서 이 문제를 해결하기 위해 실제 조사한 정보이므로 그대로 실어 보겠다.

1. DM 및 카다로그 광고물은 점 자체 기획 시에는 발송기간 포함 20일 이상이 소요되고, 전사기획 행사 시에는 25일 이상 소요되고 있다.
2. 광고제작 스케줄 고지는 SM 대상으로 사내통신망에 게재하거나 유선으로 전달한다.
3. DM/카다로그 제작기간은 10일이 소요된다.
4. 광고 수정은 해당광고 SM 또는 ASM이 실시한다.
5. 광고 수정 항목은 행사기간, 타이틀, 장소, 브랜드, 품목, 단위, 가격 등이다.
6. 제작단계에서 발생 가능한 광고오류는 사식 작업 시 광고담당자의 착오로 발생한다.
7. 수작업으로 수정 가능한 최종 단계는 최종필름 출력 전까지다.
8. 한달 평균 광고오류 발생건수는 3~4건이다.
9. 현재는 수정을 1차, 2차 두 번에 걸쳐 실시한다.
10. 전단 광고의 경우 10일 전에 기획한다.
11. 전단 광고 확정문안은 1주일 전에 취합된다.
12. 전단 광고 최종문안 수정은 3일 전에 완료한다.
13. 포스터 및 핸드빌 제작은 3일에서 1주일이 소요된다.
14. 금요일 전단은 화요일 1차, 수요일 2차로 최종 수정하지만, 월요일 전단은 금요일에 한 번으로 확정한다.

15. 전단 수정은 층별 회람을 통해 이루어지고 있다.
16. 광고 담당자의 오류로 인한 광고오류가 발생한다.
17. SM 부재 시 업무 인수인계는 문서나 공통양식을 이용하지 않고 구두 또는 전화통화로 한다.
18. SM 부재 시 인수인계 주 내용은 행사진행계획 및 협력업체와의 상담 건이다.
19. SM 부재 시 행사 브랜드 담당은 ASM과 상담하지만, 기존 브랜드 담당은 SM이 근무할 때로 방문을 연기한다.
20. SM 부재 시 업무인수인계는 메모를 통해 전달한다.
21. SM은 광고에 대한 임시 문안을 판촉에 통보하고 ASM에게 협력업체에 확인을 지시한다.
22. SM 정규행사 등 스케줄 관리가 가능한 경우 주 2회 미팅을 통해 내용을 공유하고 있다.
23. SM 월 영업계획 확정시 회의를 통해 계획을 공유하고, 변동 시 수시로 내용을 공유하고 있다.
24. SM 인수인계서를 작성하고 있지만, 전달되지 않을 때도 있다.
25. 점내 고지물(POP, 쇼카드)의 경우 행사당일 오픈 전에 최종 확인한다.
26. 점내 고지물의 경우 판촉과 오류인 경우 급 발주를 실시한다.
27. ASM 공통 대휴 시 이메일 또는 인수인계서를 작성한다.
28. ASM 공통 대휴 시 인수인계 사항은 세일이나 광고 등이다.
29. ASM, SM 대휴 또는 부재 시 업무간 애로사항은 통화로 해결한다.
30. 광고 수정 매뉴얼이 없다.
31. 광고 스케줄 관리가 잘 되지 않는 편이라 상황에 따라 처리하는 편이다.
32. 광고오류는 최종광고 확정 전 협력업체와 확인 연락을 취하지 못해 발생하는 경우가 제일 많다.
33. 행사 또는 광고가 갑작스럽게 결정되어 SM과 ASM 모두 미처 확인하지 못한 경우가 두 번째로 많다.
34. 본사 판촉 광고 오류는 대부분 매장에서 미리 확인하지 못해 발생한다.

> 35. SM 광고 문안 수정 시 협력업체와 상품을 반드시 확인한다.
> 36. SM 광고 임시 문안 제출 후 수정 문안을 ASM이 확인하지 않는 경우가 있다.
> 37. 판매사원이 광고의 내용을 몰라서 컴플레인이 발생한다.
> 38. 2010년 10월까지 평균 휴무실시율은 71%, 2010년 11월부터 2011년 3월까지의 휴무실시율은 95%이다.
> 39. 광고오류로 인한 고객 컴플레인은 매월 3~4건 정도이다.
> 40. 인사과에서는 매월 광고점검을 하지 않고 샘플조사만 실시한다.
> 41. 점내 고지물의 신청 및 수정은 담당자의 수작업에 의지한다.

배경은 차치하고 현상을 조사한 팩트만 41가지다. 보기만 해도 숨이 막히고 돌아버릴 지경이다. 이 같은 사항을 정리하고 분석할 때 도움을 얻을 수 있는 도구가 바로 '피라미드 구조'다. 피라미드 구조는 맥킨지&컴퍼니 최초의 여성 컨설턴트인 바바라 민토가 개발한 것이다. 아래의 글을 읽어보자. 누군가가 친구에게 보낸 메일이다.

혁재야, 지난 주 토요일에 네가 나한테 어떻게 했는지 기억나냐?
소요산에 단풍구경 갔다가 내려오는 길에 내가 다리를 삐어서 잘 걷지도 못하는데 절룩거리는 나를 두고 넌 약속이 있다고 먼저 갔었지. 원래는 내려와서 떡갈비에다 막걸리 한 잔 하기로 하지 않았냐? 문걸이 아니었으면 난 그날 산에서 얼어 죽었을 거야. 그리고 그 다음 날은 어땠냐? 미안하다고 사과하겠다고 찾아 와 놓고 우리 집에 남아 있는 양주 두 병 싹 해치우고 갔잖아. 난 아파서 한 잔도 못 먹는데 어쩌면 그렇게 낮에 술을, 그것도 양주를 두 병이나 비울 수 있냐? 뱃속에 술 귀신이 들지 않고서야 어찌 그럴 수 있냐?

오호 통재라! 양주만이 아니야. 냉장고에 있는 내 비상식량까지 다 먹고 갔잖아. 난 다리를 삐어서 움직이지도 못하는데……. 그나마 성식이랑 영호가 저녁에 와서 장 봐주고 가면서 순댓국 사줬어. 하마터면 굶어 죽을 뻔 했잖아. 하긴 내가 네 성격 모르는 것도 아니고. 그리고 어제는 또 어땠냐? 정말 미안하다며 오랜만에 맛있는 참치 사준다고 해놓고 실컷 맛있게 먹어 놓고는 화장실 가서 쓰러지고 취한 척하며 석일이랑 병철이한테 전화 걸어서 횡설수설하고……. 결국 참치 값도 내가 냈잖아.

그래서 난 네가 정말 싫어. 다시는 너랑 친구로 지내고 싶지 않아.

이런 식으로 메일을 보내면 끝까지 읽어 봐야만 무슨 내용인지 알 수 있다. 읽는 사람 입장에서는 짜증만 난다. 이런 식의 글은 학창시절에 친구들끼리나 쓰면 족하다. 비즈니스 상황에서 이런 식으로 썼다가는 욕먹기 딱 좋다.

회사에서 신입사원 채용을 맡고 있을 때였다. 수많은 지원자들을 대상으로 면접을 보았다. 질문을 하면 대부분의 지원자들이 위와 같이 대답했다. 듣다가 짜증이 났다. '도대체 무슨 이야기를 하는 거야? 시간도 없는데.'

자, 이번에는 이 글을 완전히 뒤집어서 결론부터 써보자. 어떻게 될까?

혁재야, 나는 네가 싫어. 그 이유를 말해 줄게.

첫째, 소요산에서 다리 다친 날, 네가 나를 버리고 가서 얼어 죽을 뻔 했어.

둘째, 사과한다고 집에 찾아 와서 양주 두 병이랑 비상식량까지 다 먹고 갔지? 나 완전히 굶어 죽을 뻔 했어.

셋째, 참치 사준다고 하더니 그것도 결국 내가 샀어.

어떤가? 읽는 사람 입장에서 훨씬 이해가 잘 된다. 물론 친구 사이에 이렇게 삭막하게 글을 쓰지는 않을 것이다. 그러나 비즈니스맨이라면 이야기가 달라진다. 보고를 받는 사람 입장에서는 '결론부터 이야기하고, 왜 그런 결론을 도출할 수밖에 없었는지'를 설명해야 이해가 빠르다. 이것이 민토가 개발한 피라미드 구조의 기본원리이다. 〈그림 5〉를 보자. 이 그림이 민토가 말하는 피라미드 구조다. 피라미드의 한 단면을 닮았다고 해서 피라미드

• 〈**그림 5**〉 피라미드 구조의 기본원리 •

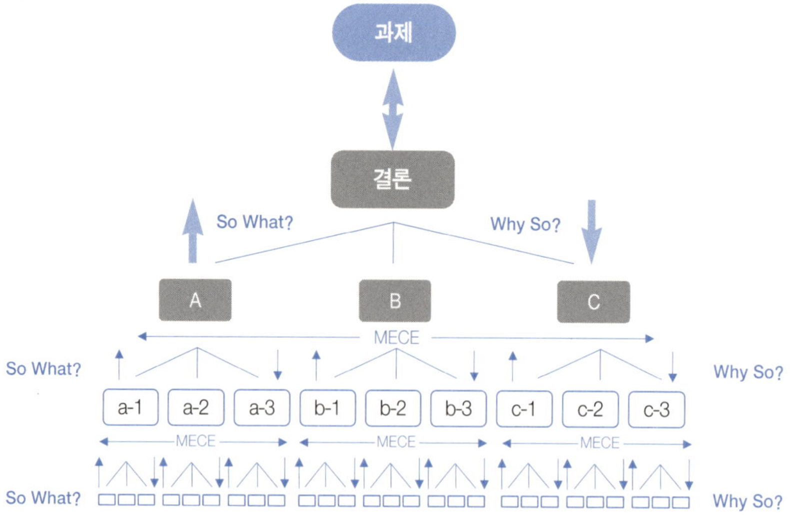

구조라 부른다. 과제를 명확화 하고 그 과제에 대한 답변, 즉 결론을 피라미드의 정점에 놓는다. 그런 다음 그 아래에 왜 그런 결론을 도출할 수밖에 없었는지에 관해 논리와 근거를 제시하는 것이다. 즉, 결론으로서의 자기주장과 그 결론을 뒷받침할 수 있는 것(이유·근거)의 구조다. 이것이 비즈니스 논리구조다. 비즈니스 상황에서 자신이 전달하고자 하는 메시지를 논리적으로 정리하는 수단으로 이보다 훌륭한 방법은 아직까지 없는 것 같다.

피라미드 구조 하에서 메시지를 정리하는 두 가지 법칙이 있다. 가로의 법칙과 세로의 법칙이다. 가로의 법칙은 'MECE' 다. MECE는 'Mutually Exclusive, Collectively Exhaustive' 의 약자다. 한마디로 말해 '중복과 누락을 방지하는 도구' 이다. 세로의 법칙은 논리의 비약을 방지하는 'So What/Why So' 이다.

그런데 이 피라미드 구조는 문서를 읽는 사람이 보다 명쾌하게 그 내용을 이해할 수 있도록 하기 위해 만든 것이다. 즉, 기획을 마치고 기획서를 작성할 때 유용한 도구라는 얘기다. 현상분석과 배경분석 단계에서는 아직 과제를 명확화하지 못했으므로 이 구조를 조금 수정하여 〈그림 6〉과 같이 활용하는 것이 좋을 것 같다.

피라미드의 정점을 최종 분석한 현상이라고 보면 된다. 〈그림 6〉의 내용은 그 현상을 뒷받침하는 것들이다. 맨 아래로 갈수록 구체적인 원인이 된다. 앞에서 문제해결형 기획의 전체 프로세스를 한 장으로 설명할 때, 현상분석과 원인분석을 따로 분리하여 설명하였는데, 이는 독자들의 이해를 돕기 위해서였다. 실무에서는 현상과 원인을 함께 분석하는 것이 좋다.

• 〈그림 6〉 현상과 원인을 분석하는 단계의 피라미드 구조 •

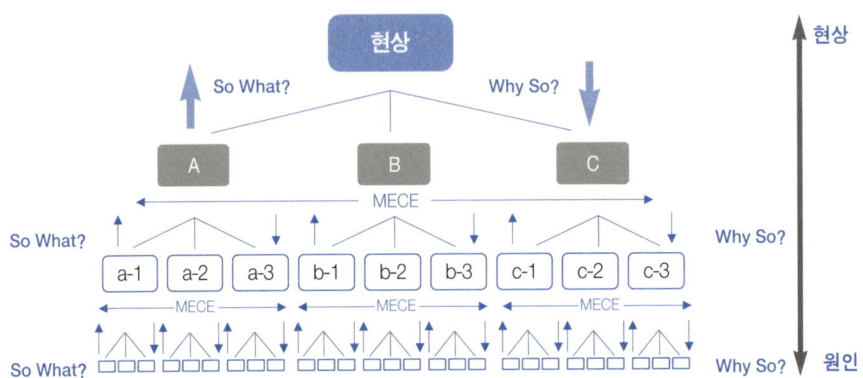

So What은 실무자, Why So는 경영자의 사고방식이다

지금부터는 실제 상황에서 현상과 원인을 어떻게 분석하는지를 알아보도록 보자. 이를 위해 피라미드 구조의 가로의 법칙과 세로의 법칙부터 알아야 할 것 같다.

먼저 세로의 법칙부터 알아보자. 추론은 '알려져 있는 사실을 바탕으로 알려져 있지 않은 것을 알아내는 것'이다. So What/Why So는 추론을 할 때 논리의 비약을 방지하는 도구이다. 그럼 먼저 So What/Why So가 무엇을 뜻하는지부터 알아보자.

So What은 "그러한 사실들로부터 무엇을 알아낼 수 있지?"라는 물음을 통해 메시지를 도출하는 것이다. 현재 가지고 있는 정보로부터 엑기스를 추출하는 작업이다. 팩트로부터 메시지를 도출하고 발견하는 과정이기 때문에 팩트 파인딩(Fact-finding)이라고도 한다. 이에 반해 Why So는 "왜 그렇다고 말할 수 있지? 왜 그런 결론을 도출할 수 있지?"라는 물음을 통해 이유나 근거를 캐는 것이다. "So What?" 하고 질문하여 도출한 메시지를 검증하는 작업인 셈이다. 즉, 도출한 메시지에 대해 "Why So?" 하고 질문을 던지면, 현재 가지고 있는 팩트로 그 이유를 명확하게 설명할 수 있어야 한다.

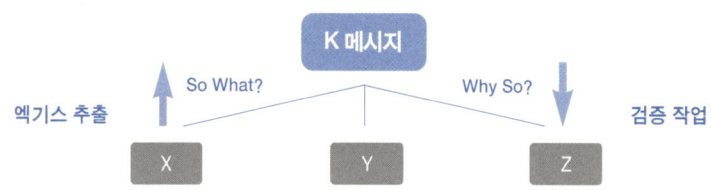

위 그림은 X, Y, Z라는 정보를 So What 하여 K라는 메시지를 도출한 것을 피라미드 구조로 표현한 것이다. 이 때 논리의 비약을 없애려면 어떻게 해야 할까? K라는 메시지에 대해 "Why So?" 하고 질문을 던졌을 때 X, Y, Z가 다시 그 답변이 되는 관계가 되어야 한다. 그런 관계를 구축해야 논리의 비약이 사라진다. 예를 들어 보자. 신문을 살펴보다가 다음과 같은 5가지 기사를 발견했다.

　① 탈모 방지제가 인기를 끌고 있다
　② 남성 전용 화장품 판매의 신장
　③ 주름살 제거수술이 인기를 끌고 있다
　④ 머리카락, 눈, 귀, 얼굴 만질수록 젊어져요
　⑤ 남성전용 피부미용실, 액세서리 수요 급증

이러한 사실들로부터 "무엇을 알아낼 수 있지?" 하고 물어보면 다음과 같은 메시지를 도출할 수 있다. "사람들이 외모에 신경을 쓰고 젊어 보이려고 한다." 이 메시지에 대해 "왜 사람들이 외모에 신경을 쓰고 젊어 보이려고 하지?" 하고 물어보면 다음과 같은 답변이 나와야 한다. "왜냐하면 그것은 ①~⑤번까지의 사실 때문에 그렇다." 누가 보아도 Why So에 대한 근거가 명확하다. 이것이 논리의 비약을 없애는 So What/Why So다.

실무자들이 So What을 한 뒤에 반드시 Why So로 검증을 해야 하는 이유는 무엇일까? So What은 실무자의 사고방식인 반면, Why So는 경영자의 사고방식이기 때문이다. 실무자와 경영자는 서로 사용하는 사고방식이 다르다. 이런 이유 때문에 많은 실무자들이 경영자의 질문에 쩔쩔 매는 것이다. 현장에서 일을 하다 보면 Q마트의 사례에서처럼 수없이 많은 팩트와 데이터를 수집하게 된다. 그런 수많은 팩트들을 분석하기 위해서는 엄청난 시간과 노력이 들어간다. 머리에 쥐가 날 지경일 때가 한두 번이 아닐 것이다. 그러다 보니 So What 해서 나온 메시지를 Why So 하지 않고, 기획서에 그대로 적어 보고하는 경우가 많다.

그런데 경영자들은 실무자가 얼마나 시간과 노력을 들여서 분석했는지 눈곱만큼도 관심이 없다. 실무자의 기획서를 모두 Why So로 읽는다. "이것은 왜 이렇다고 말할 수밖에 없지?" "왜 이런 결론을 도출할 수밖에 없지?" 비수 같은 질문들이 쏟아진다. 그 때 실무자는 미리 답변을 준비해두어야 한다. "아, 그건 이런저런 이유 때문에 그렇습니다." 그런데 만약 실무자가 Why So로 검증하지 않고 보고하면 어떻게 될까?

2011년 11월 화창한 가을날, 카페에 앉아 있는 한 여인의 휴대전화에서

벨이 울린다.

"안녕하세요, 저는 담당 PD입니다. 지금부터 미션을 드리겠습니다. 당신은 스파이입니다. 스파이 짝꿍을 찾아서 최종 미션을 완수해주시기 바랍니다. 오늘의 스파이는 두 명입니다."

여인의 이름은 손예진. 미모면 미모, 연기면 연기, 뭐하나 빠지는 것 없이 완벽한 그녀. 런닝맨에 여신이 강림하는 날이었다. 그런데 이상한 건 PD가 바로 앞 테이블에 앉아 있는 그녀에게 휴대전화로 지령을 내린다는 점이다. 그냥 말로 해도 될 텐데……. 손예진 씨가 웃으며 묻는다.

"그런데 왜 굳이 전화로 얘기하시는 거죠?"

"오늘의 레이스는 전화레이스입니다. 이게 굉장히 중요한 사실이고 제가 드리는 마지막 단서라고 생각하시면 됩니다."

한편 신분당선 강남역에 모인 런닝맨들도 지령을 받는다. 오늘은 평소와 달리 전화로 지령을 받고 미션에 성공할 때마다 전화로 힌트를 획득하며 레이스를 펼친다. 이것이 최종 미션을 해결하기 위해 매우 중요한 단서이다. 총 4팀이며, 게스트는 영화배우 손예진, 박철민, 이민기다. 역에 정차할 때마다 게스트가 한 명씩 팀에 배치된다. 그러고는 바로 첫 번째 미션이 하달된다. "사물함에서 울리는 전화를 받으세요. 단 지금부터 30초 안에 전화를 받지 못하면 힌트 획득 실패입니다." 그때부터 런닝맨들은 달리기 시작한다. 첫 번째 힌트는 알파벳 'F'다. 런닝맨들은 율동공원의 번지점프대, 정자동 카페거리, 통신회사 K사의 사옥을 거치며 미션을 수행하고 나머지 힌트들을 얻는다. 다른 모든 힌트 역시 전화로 획득했다. 힌트를 전부 모으니 알파벳 4글자, 'FACE'란 단어다. 그런 다음 마지막 미션장소인

K사 사옥에서는 개인전이 벌어진다. 개인전은 출연자들끼리 등에 붙어 있는 이름표를 떼어 내어 아웃시키는 것이다. 8명의 런닝맨과 손예진, 김종국 두 명의 스파이 사이에 대결이 벌어진다. 지석진을 제외한 나머지 런닝맨들을 모두 아웃시킨 손예진과 김종국은 그동안의 단서를 바탕으로 추리를 해나간다.

"Face라는 단어의 의미가 무엇일까?"

이 때 손예진이 휴대전화를 보면서 "혹시 휴대전화와 관련이 있는 게 아닐까?" 하고 질문을 던지자, 런닝맨에서 능력자로 통하는 김종국이 휴대전화의 자판을 보면서 이렇게 추론한다. "DEF가 적혀 있는 자판의 숫자가 3이고, ABC가 적혀 있는 자판의 숫자가 2다. 그러니까 FACE는 3223일 것이다. 3223은 네 자리다. 그리고 여기는 통신회사니까 그 네 자리 숫자가 내선번호일 것이다." 그리고는 재빨리 3223번으로 전화를 건다. 그러나 아무런 반응이 없다. 추리가 틀렸다. 다시 생각한다. "F는 알파벳 순서로 여섯 번째다. A는 첫 번째, C는 세 번째, E는 다섯 번째다. 6135다." 결국 두 스파이는 내선번호 6135를 알아내어 최종미션에 성공하며 순금카드를 상으로 받게 된다.

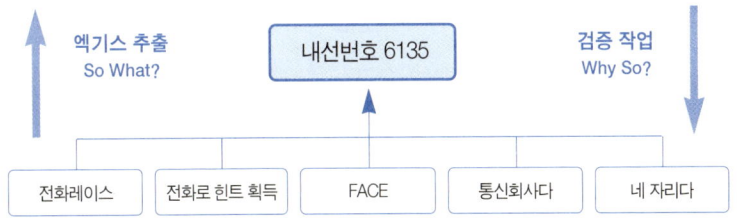

이 상황을 비즈니스로 바꾸어 생각해 보자. 현장을 발로 뛰며 팩트를 수집하는 비즈니스맨들과 런닝맨의 모습이 다르지 않다. 김종국은 여러 가지 단서를 바탕으로 'FACE'가 '내선번호 3223'일 거라고 추론했다. 만일 두 스파이가 힘도 들고 머리에 쥐가 난다는 이유로 '3223'이 맞는지 틀렸는지 검증하지 않고 기획서로 만들어 보고했다면 어떤 일이 벌어졌을까? 아무리 능력자라도 쌍 코피가 터졌을 것이다. 쌍 코피 터진 능력자의 모습을 상상해보라. So What을 Why So로 검증하지 않고 그대로 보고하면, 비수 같은 칼날에 그대로 날아갈 수 있음을 명심하라. 그것도 거의 모든 것을 이룬 순간에 말이다.

추론을 할 때, 근거가 하나뿐이더라도 상대방을 설득할 수 있을까? 만일 그 근거가 상대방이 매우 중요하게 여기는 것일 경우에는 하나만으로도 설득이 가능하다. 런닝맨 이야기로 다시 돌아가자. 먼저 아웃된 하하와 유재석은 감옥에서 스파이가 몇 명인지를 추리한다. 둘 사이에는 손예진이 스파이일 것이라는 공감대가 형성된다. 그러면서 하하가 "민기, 지효, 예진 세 명이 스파이일 것이다."라고 말한다. 때마침 아웃되어 감옥에 온 이광수가 감옥의 의자를 세더니 말한다. "의자는 모두 8개다. 런닝맨이 모두 10명이고 감옥의 대기 의자가 8개니까, 오늘 스파이는 두 명이다." 평소에 어눌한 모습을 보이던 이광수가 하나의 근거만으로도 멋진 추론을 해내는 순간이었다.

테루야 하나코는 그의 저서 《로지컬 씽킹》에서 So What/Why So에는 두 종류가 있다고 설명했다. '통찰의 So What/Why So'와 '관찰의 So What/Why So'가 바로 그것이다. 통찰의 So What/Why So가 지금까지 설명한 '추론'이다. 런닝맨의 예처럼 알려져 있는 사실들로부터 알려져 있지 않은 새로운 것을 알아내는 것이 통찰의 So What/Why So다. 실무적으로 어떻게 하는지는 뒤에 이어질 제3부에서 자세히 다룬다. 이에 반해 관찰의 So What/Why So는 하위 팩트들을 So What 해서 요점을 파악하고, 요점이 잘 정리되었는지 다시 Why So로 검증하는 것이다. 관찰의 So What/Why So는 주로 현상을 분석할 때 사용한다. 실무적으로 어떻게 하는지를 Q마트의 사례를 보면서 알아보자. 〈그림 7〉을 보면 왼쪽에 있는 팩트들이 So What/Why So과정을 거치며 정리되어 가는 것을 알 수 있다.

〈그림 7〉 Q마트 광고업무 팩트 파인딩

1차 팩트 파인딩

1. DM 및 카다로그 광고물은 점 자체 기획 시에는 발송기간 포함 20일 이상이 소요되고, 전사기획 행사 시에는 25일 이상 소요되고 있다.
2. 광고제작 스케줄 고지는 SM 대상으로 사내통신망에 게재하거나 유선으로 전달한다.
3. DM/카다로그 제작기간은 10일이 소요된다.
4. 광고 수정은 해당광고 SM 또는 ASM이 실시한다.
5. 광고 수정 항목은 행사기간, 타이틀, 장소, 브랜드, 품목, 단위, 가격 등이다.
6. 제작단계에서 발생 가능한 광고오류는 사식 작업 시 광고담당자의 착오로 발생한다.
7. 수작업으로 수정 가능한 최종 단계는 **최종필름 출력 전**까지다.
8. 한달 평균 광고오류 발생건수는 3~4건이다.
9. 현재는 수정을 1차, 2차 두 번에 걸쳐 실시한다.
10. 전단 광고의 경우 10일 전에 기획한다.
11. 전단 광고 확정문안은 1주일 전에 취합된다.
12. 전단 광고 최종문안 수정은 3일 전에 완료한다.
13. 포스터 및 핸드빌 제작은 3일에서 1주일이 소요된다.
14. 금요일 전단은 화요일 1차, 수요일 2차로 최종 수정하지만, 월요일 전단은 금요일에 한 번으로 확정한다.
15. 전단 수정은 층별 회람을 통해 이루어지고 있다.

- 광고업무 스케줄을 관리한다.
  (1, 3, 10, 11, 12, 13)

- 광고수정에 정해진 매뉴얼이 없다.
  (2, 4, 5, 9, 14, 15, 30, 31)

- 광고업무에 관한 표준화된 시스템이 존재하지 않는다.
  (2, 6, 15, 25, 26, 34, 41)

- 매장사원간 광고내용을 공유한다.
  (21, 22, 23, 35)

- 광고오류 때문에 고객 컴플레인이 발생하고 있다.
  (8, 16, 33, 34, 37)

16. 광고 담당자의 오류로 인한 광고오류가 발생한다.
17. SM 부재 시 업무 인수인계는 문서나 공통양식을 이용하지 않고 구두 또는 전화통화로 한다.
18. SM 부재 시 인수인계 주 내용은 행사진행계획 및 협력업체와의 상담 건이다.
19. SM 부재 시 행사 브랜드 담당은 ASM과 상담하지만, 기존 브랜드 담당은 SM이 근무할 때로 방문을 연기한다.
20. SM 부재 시 업무인수인계는 메모를 통해 전달한다.
21. SM은 광고에 대한 임시 문안을 판촉에 통보하고 ASM에게 협력업체에 확인을 지시한다.
22. SM 정규행사 등 스케줄 관리가 가능한 경우 주 2회 미팅을 통해 내용을 공유하고 있다.
23. SM 월 영업계획 확정시 회의를 통해 계획을 공유하고, 변동 시 수시로 내용을 공유하고 있다.
24. SM 인수인계서를 작성하고 있지만, 전달되지 않을 때도 있다.
25. 점내 고지물(POP, 쇼카드)의 경우 행사당일 오픈 전에 최종 확인한다.
26. 점내 고지물의 경우 판촉과 오류인 경우 급 발주를 실시한다.
27. ASM 공통 대휴 시 이메일 또는 인수인계서를 작성한다.
28. ASM 공통 대휴 시 인수인계 사항은 세일이나 광고 등이다.
29. SM 대휴 또는 부재 시 업무간 애로사항은 통화로 해결한다.
30. 광고 수정 매뉴얼이 없다.
31. 광고 스케줄 관리가 잘 되지 않는 편이라 상황에 따라 처리하는 편이다.
32. 광고오류는 최종광고 확정 전 협력업체와 확인 연락을 취하지 못해 발생하는 경우가 제일 많다.
33. 행사 또는 광고가 갑작스럽게 결정되어 SM과 ASM 모두 미처 확인하지 못한 경우가 두 번째로 많다.
34. 본사 판촉 광고 오류는 대부분 매장에서 미리 확인하지 못해 발생한다.
35. SM 광고 문안 수정 시 협력업체와 상품을 반드시 확인한다.
36. SM 광고 임시 문안 제출 후 수정 문안을 ASM이 확인하지 않는 경우가 있다.
37. 판매사원이 광고의 내용을 몰라서 컴플레인이 발생한다.
38. 2011년 10월까지 평균 휴무실시율은 71%, 2011년 11월부터 2012년 3월까지의 휴무실시율은 95%이다.
39. 광고오류로 인한 고객 컴플레인은 매월 3~4건 정도이다.
40. 인사과에서는 매월 광고점검을 하지 않고 샘플조사만 실시한다.
41. 점내 고지물의 신청 및 수정은 담당자의 수작업에 의지한다.

- 직영사원 휴무실시율이 증가하고 있다. (38)

- SM 부재 시 업무공백이 발생한다. (19, 24, 36)

- 업무 인수인계는 이루어지고 있으나 통일된 방식이 없다. (17, 18, 20, 27, 29)

2차 팩트 파인딩

1. 광고업무 스케줄을 관리한다.
2. 광고수정에 정해진 매뉴얼이 없다.
3. 광고업무에 관한 표준화된 시스템이 존재하지 않는다.
4. 매장사원간 광고내용을 공유한다.
5. 광고오류 때문에 고객 컴플레인이 발생하고 있다.
6. 직영사원 휴무실시율이 증가하고 있다.
7. SM 부재 시 업무공백이 발생한다.
8. 업무 인수인계는 이루어지고 있으나 통일된 방식이 없다.

- 광고업무 프로세스가 표준화 되어 있지 않다
- 광고업무의 중요성이 공유되지 않고 있다
- 업무 인수인계 관리가 잘 되지 않고 있다

〈그림 8〉은 〈그림 7〉의 팩트 파인딩 과정을 피라미드 구조로 표현한 것이다.

So What/Why So를 실시하면서 놓쳐서는 안 될 또 하나 중요한 점이 있다. So What/Why So를 아무리 잘해도 피라미드 구조의 가장 밑에 있는 팩트의 진실성을 확보하지 못하면 아무 소용이 없다는 점이다. 팩트의 진실성을 확보하지 못하면 분석 자체가 의미 없을 뿐 아니라, 잘못된 정보 때문에 얼토당토않은 결론을 도출할 수도 있다. 예를 들어 보자.

처음부터 끝까지 한 회도 안 빼고 시청한 드라마가 있다. 지금도 전 세계에서 한국의 문화를 알리고 있는 MBC의 〈대장금〉이다. 한 여인이 자신의 꿈을 이루기 위해 신분이라는 시대의 제약조건들을 극복해가는 모습을 너무도 아름답고 생생하게 그린 드라마다. 전 세계 수많은 나라에서 사랑을 받는 것이 너무도 당연하다는 생각이 드는 수작이다.

중종이 갑자기 쓰러진 원인을 밝히지 못하자, 내의원과 수라간이 서로에게 책임을 떠넘기며 갈등을 겪고 있었다. 이 때, 내의원 의녀 열의가 수라간 최고상궁의 양념단지에 독버섯의 일종인 말똥버섯을 몰래 집어넣고 최고상궁에게 죄를 뒤집어씌운다. 곧바로 최고상궁인 금영이 의금부로 잡

● 〈그림 8〉 QM이트 광고 오류 피라미드 구조 ●

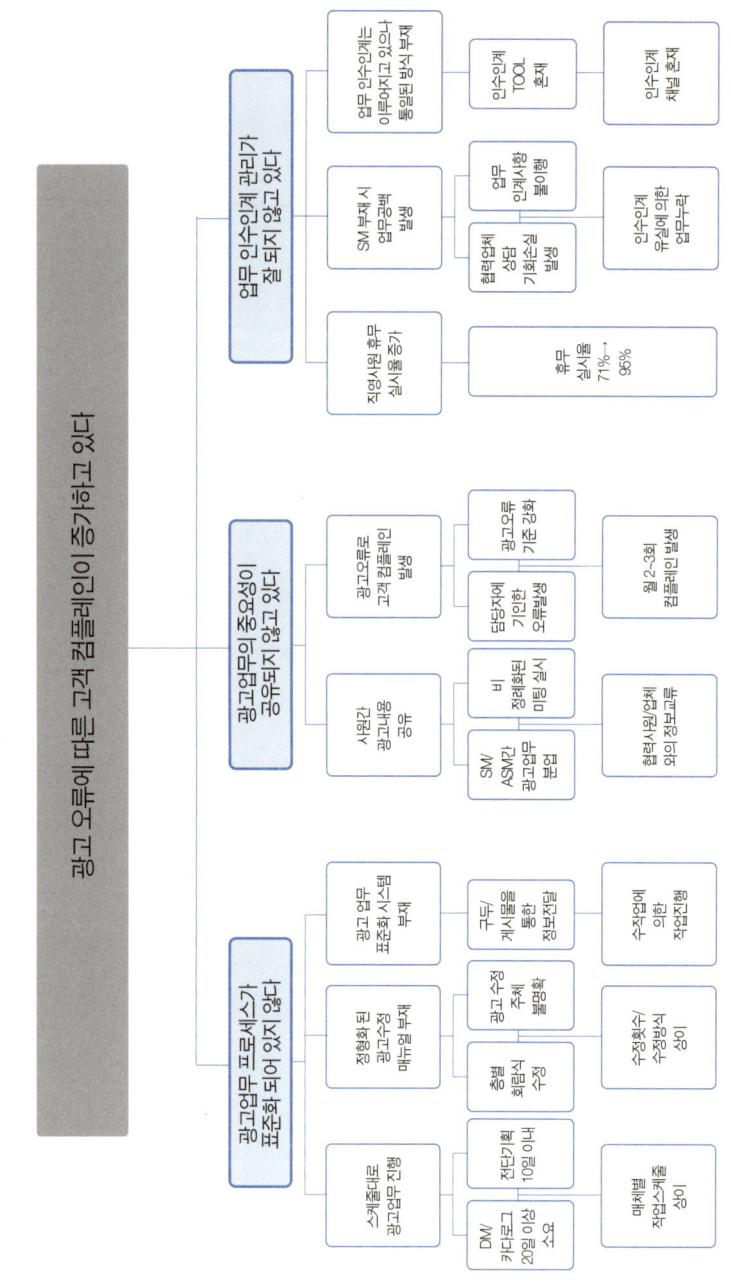

112

혀간다.

한편 왕자를 치료한 공로로 중전의 주치의가 된 장금이는 중전의 병력을 살피고 싶다며 내서고 출입 허락을 부탁한다. 내서고는 왕실의 기록을 보관하는 곳으로 아무나 출입할 수 없다. 중전의 허락으로 장금이는 내서고에서 중전의 병력을 살피게 된다. 그러나 장금이가 내서고에 들어간 실제 의도는 자신의 스승인 한상궁을 죽음으로 몰고 간 유황오리 사건의 진상을 밝히기 위해 중종의 병부일지를 몰래 빼내는 것이었다. 그러나 중전을 속이고 병부일지를 빼낸 사실이 내시부에 발각되면서 장금이는 목숨을 잃을 상황에 처하게 된다.

그 때 마침 중종이 원인을 알 수 없는 병으로 쓰러져 사경을 헤매게 된다. 믿을 사람이 아무도 없었던 중전은 장금이에게 밀명을 내린다. 장금이는 중전의 밀명을 받고 아무도 몰래 다재헌에서 중종의 병의 원인을 밝히게 된다. 이 사실을 알고 있는 사람은 네 명밖에 없다. 중전, 장금, 내시부 수장 상선영감 그리고 장금이를 사랑하는 부제조 영감 민정호.

며칠째 장금이가 소식도 없이 집에 들어오지 않자 숙수 강덕구는 장금이를 찾으러 온 도성을 헤매다가 오겸호 우상대감과 옛 제조상궁이 만나는 것을 우연히 목격하고 집으로 돌아온다. 때마침 민정호 부제조 영감은 장금이가 집에 들어오지 않는 것을 걱정할까 봐 강덕구를 찾아온다. 그리고는 강덕구와 나주댁에게 거짓말로 둘러댄다. 장금이가 제주도로 갔으니 걱정하지 말라고. 곧 돌아올 거라고. 그런 다음 태연히 돌아간다. 아래는 부제조 영감이 돌아간 후 강덕구와 나주댁이 장금이가 제주도로 다시 돌아간 줄로만 알고 대화를 나누는 장면이다.

"이상하네, 이상해. 장금이는 여기에?"

"없다."

"그 사이 최고상궁은?"

"잡혀 갔다."

"그리고 오겸호 우상대감과 옛 제조상궁은?"

"만난다."

"그리고 민정호 부제조영감은?"

"여기에 있다."

"이상해 이거. 암만해도 냄새가 나."

"장금이가 없는데 부제조 영감께서 저렇게 태연한 게 수상쩍지 않아."

"맞아. 요즘 민정호 나리를 보면 눈빛이 달라져 있어."

"그거네."

"뭐?"

"여자의 예감이 얼마나 무서운지 알지?"

"알지. 내가 어디 한두 번 당했던가? 근데 뭔데?"

"오겸호 우상대감하고 옛 제조상궁하고 둘이 그렇고 그런 사이네."

결론을 도출하고 이어지는 대화가 재미있다. 강덕구가 Why So로 검증을 한다. 검증을 하긴 하지만, 역시 남자는 여자에게 약한가 보다.

"그런데 그게 장금이와 무슨 상관이야?"

"이러니까 세상 살아가기가 힘들지. 척하면 척이지. 장금이가 그걸 아니까 제주도로 보낸 거지."

"아니 장금이가 그걸 어떻게 알았는데?"

"장금이가 모르는 게 어디 있어."

"그럼 최고상궁은 어떻게?"

"최고상궁도 아나 보지. 그런데 최고상궁을 관비로 보낼 수 없으니까 의금부에 가둬 둔 거지."

"그렇지. 그러니까 나중에 부제조 영감이 그걸 확인하는 순간에……."

"우리 장금이가 돌아올 수 있다 이거지. 그러니까 우리한테 확실한 걸 잡아야 한다고 한 거고."

"그렇지. 민정호 부제조 영감이 얼마나 집요한 사람인데. 장금이가 제주도에 갔다면 제주도까지 쫓아갈 사람 아닌가?"

"그럼, 지난번에도 만사 제쳐 놓고 가는 거 못 봤어?"

"오라고도 안 했는데."

"그렇지."

"그러니까 우린 부제조 영감을 무조건 도와야 한다고."

"알았어."

위 장면에서 나주댁이 추론하는 과정은 다음과 같다. 먼저 사실들을 확인한다. 첫째, 장금이는 제주도로 갔다. 둘째, 수라간 최고상궁이 의금부로 잡혀갔다. 셋째, 오겸호 우상대감과 옛 제조상궁이 만나고 있다. 넷째, 민정호 부제조 영감은 장금이가 제주도로 갔음에도 불구하고 태연하다. 이러한 사실들로 So What한 것이 '오겸호 우상대감과 옛 제조상궁이 그렇고 그런 사이'라는 것이다.

나주댁은 왜 이렇게 잘못된 결론을 도출하게 되었을까? 팩트의 진실성을 확보하지 못했기 때문이다. 사실 4가지 중 2가지는 진실이 아니다. 첫째, 장금이가 제주도로 갔다는 건 진실이 아니다. 실제로 장금이는 다재헌에서 중종의 병의 원인을 캐고 있었다. 둘째, 민정호 부제조 영감이 태연하다는 것도 진실이 아니다. 장금이가 중종의 병의 원인을 밝히지 못하면 죽음을 당하게 되어 있었기 때문에 부제조 영감의 속은 바싹 타 들어가고 있었다. 겉으로만 태연한 척 했을 뿐이다.

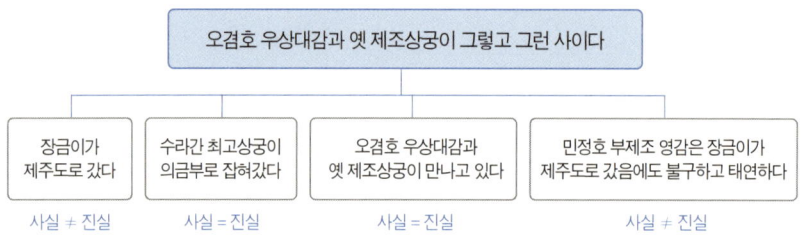

이와 같이 팩트의 진실성을 확보하지 못하면 엉뚱한 결론에 도달하게 된다. 가끔 연예인 관련 기사를 보면 진실을 확인하지도 않고 '~카더라' 하는 식의 글을 게재하는 경우가 있는데, 이런 기사들이 여기에 해당할 것이다. 다시 한 번 강조하는데, 결정적인 오판을 피하고 싶다면 피라미드 구조의 가장 밑에 있는 팩트의 진실성을 반드시 확보해야 한다.

3은 단순한 것의 마지막이면서 복잡한 것의 시작인 숫자다

　이러한 팩트들을 So What/Why So 과정을 거치며 최종적으로 몇 가지로 정리하는 것이 좋을까? 3가지다. 왜 팩트들을 최종적으로 3가지로 정리해야 할까? 지금부터 그 이유를 알아보도록 하자.
　직장생활을 할 당시, 맥킨지&컴퍼니의 컨설턴트들을 만날 일이 있었는데, 정말 이상한 점이 있었다. 그들은 모든 것을 가급적 3에 맞추어 이야기했다. "오늘 제가 귀사를 방문한 목적은 3가지입니다. 귀사의 문제점을 분석해보니 3가지이고요. 그 근거도 3가지입니다. 대책도 역시 3가지로 마련할 수 있습니다. 오늘 저에게 3시간만 내어주시면……."
　모든 것을 3으로 풀어간다. '이상하다. 왜 저 사람들은 모든 걸 3으로 정리해서 이야기하는 거지?' 가만히 생각해 보니 3이라는 숫자는 참 신비한 점이 있었다. 예를 들어 점심식사 후에 2시간짜리 특강을 하러 갔다고 치

자. 시작하자마자 "여러분 오늘 제가 2시간 동안 10가지만 이야기하겠습니다."라고 하면 어떤 반응이 나올까? '그래, 너는 떠들어라. 내가 눈은 뜨고 있어줄게.' 하는 표정을 지으며 아무도 귀를 기울이지 않을 것이다. 그런데 "3가지만 이야기하겠습니다."라고 말하면 어떤 반응이 올까? '그래, 일단 한 번 들어보자. 첫 번째 것 듣고 유익하면 계속 듣지. 아니면 말고.' 3은 이런 식으로 사람을 끌어들이는 마력이 있다.

그래서 3이라는 숫자를 조작적으로 정의 내렸다. '단순한 것의 마지막이면서 복잡한 것의 시작인 숫자'가 3이다. 많지도 적지도 않고 사람들이 받아들이기 쉬운 숫자다. 그때부터 모든 것을 3에 맞추어 정리하려고 했다. 3가지로 정리해서 보고하니 상사들도 좋아하는 것 같았다. 5~6가지를 보고해 봐야 잘 이해도 못하고 기억도 못하는 것 같았다.

3이라는 숫자가 우리의 일상생활과 너무도 관련이 많다는 것도 깨닫게 되었다. 예를 들어 보자. 미스코리아도 진·선·미다. 올림픽도 금메달·은메달·동메달이다. 가위·바위·보도 3이다. 가위·바위·보를 하다가 지면 뭐라고 하는가? "삼 세 판이야. 그래야 억울하지 않지." 성명도 보통 석자이고, 아침·점심·저녁 세끼를 먹는다. 이 세상에서 가장 안정된 도형이 삼각형이고, 피라미드도 그 기본은 삼각형이다. 색채의 기원도 3원색이다. 신호등도 3가지 색깔로 이루어져 있다. 친구도 삼총사가 제일 친하다. 최진사댁 셋째 딸은 보지도 않고 데려간다고 하지 않는가? 정부도 입법부·행정부·사법부로 삼권이 분리되어 있다. 군대도 육군·해군·공군이다. 물질은 고체·액체·기체로 이루어져 있다. 재판도 3심은 해야 억울함이 없다. 제주도의 3다, 송도 3절, 삼신할머니, 영의정·우의정·좌의정 삼정

승이다.

산 사람에게는 1배, 죽은 사람에게는 2배 반, 신성한 존재에게는 3배를 한다. 동양에서는 우주를 천지인으로 파악하고 있다. 성부와 성자와 성신의 이름으로……. 교회도 삼위일체다. 불교에서도 우리 인간이 살아가는 현실 세계의 실상을 있는 그대로 관찰하는 교리가 바로 삼법인(三法印)이다. 첫째가 '모든 것은 변화한다'는 제행무상인(諸行無常印)이다. 둘째가 '모든 존재는 독자적인 실체가 없다'는 제법무아인(諸法無我印)이다. 셋째가 일체개고인(一切皆苦印)이다. 모든 존재가 영원할 수 없기에, 결론적으로 모든 것이 괴로움 덩어리라는 것이다. 계속해서 3을 나열하려니 글을 쓰는 것도 진짜 괴로움 덩어리인 것 같다. 배도 고프고, 술도 마시고 싶고, 잠도 자고 싶다. 왜 3가지 괴로움이 한꺼번에 몰려오는가?

야구도 3명이 아웃되어야 회가 바뀌고, 스트라이크를 3번 먹어야 아웃된다. 4번이라고 생각해 보라. 아마 투수들은 죽을 맛일 거다. 3할은 쳐야 일류타자 반열에 올라서고, 30홈런은 쳐야 홈런타자다운 위용이 나온다. 나가자, 싸우자, 이기자. 응원구호도 3이다. 술은 몇 차를 가야 제 맛일까? 3차다. 3차까지는 가야 간에 기별이 가서 먹은 듯하다. 1, 2차로 끝낼 거면 아예 입에도 안 대는 것이 좋다. 술도 3명이 먹을 때가 제일 맛이 있다. 4명만 되어도 대화가 산만해진다. 2명이 먹다가 1명이 화장실 가면 정말 슬퍼진다. 역시 3명이 먹어야 맛깔 난다. 술자리에서는 '후래자 3배'다. 늦게 온 놈은 빨리 석 잔을 먹여 놓아야 알딸딸한 게 비슷해서 좋다. 나 혼자 취하면 재미가 없다. 우린 민족은 술 먹을 때 삼겹살을 즐겨 먹는다. 나이 든 사람들은 홍어 삼합을 즐겨 먹는다. 음주운전도 3번 걸리면 끝이다.

드라마도 3각 관계가 제일 재미있다. 〈주몽〉도 3각 관계로 시작해서 3각 관계로 이어지다가 3각 관계로 끝났다. 해모수, 금와왕자, 유화부인으로 시작한 3각 관계가 주몽, 대소왕자, 소서노로 가더니 주몽, 소서노, 예소야로 끝났다. 〈계백〉도 마찬가지다. 무왕, 선화공주, 사택부인으로 시작해서 의자왕, 계백, 은고의 관계로 끝났다. 〈신이라 불리는 사나이〉도 마찬가지다. 피터팬, 진보배 기자, 비비안 사이의 삼각관계다. 〈동이〉도 숙종, 희빈, 동이의 삼각관계다. 그러다 희빈이 사약을 받고 죽자 중전을 새로 등장시켜 삼각관계를 만든다. 그러다가 중전이 갑자기 동이 편이 되니까 드라마가 끝났다. 〈여인의 향기〉도 똑같다. 강지욱 본부장, 초등학교 동창인 의사 슈바이처, 김선아와의 삼각관계다. 〈자이언트〉도 이강모 사장, 조민우 실장, 황정현과의 삼각구도다. 〈공주의 남자〉도 마찬가지인 것 같다. 김종서의 아들 김승휴, 수양대군의 딸 세령, 신숙주의 아들 신면 판관나리와의 삼각관계다.

소설도 주인공이 3명이다. 〈서유기〉의 주인공은 손오공, 저팔계, 사오정이다. 우리는 어릴 때부터 〈아기 돼지 3형제〉 〈곰 세 마리〉 같은 동화나 동요를 읽고 자란다. 또 〈삼국지〉를 세 번 이상 읽지 않은 사람하고는 인생을 논하지 말라고 했다.

당구는 자기 공을 다 치면 쓰리쿠션을 쳐야 한다. 고스톱도 3점이 나야 한다. 고스톱의 묘미는 쓰리고에 있다. 고스톱을 치다 싸면 차라리 3번을 싸야 한다. 고도리도 석장을 먹어야 한다. 청단, 홍단, 초단도 석 장을 먹어야 하고, 광도 석 장을 먹어야 3점이 된다. 고스톱은 3명이 칠 수밖에 없다. 아니면 광을 팔아야 한다.

3이라는 숫자는 우리 민족의 숫자나 다름없다. 환웅께서 이 땅에 내려오실 때 황백·운사·우사를 거느리며, 천부인 3개와 삼천의 무리를 이끌고 오셨다. 고구려·신라·백제로부터 우리 민족의 발전이 있었다. 고구려 태양신의 형상은 삼족오다. 숫자가 많은 것을 표현할 때는 삼천궁녀처럼 삼천이란 말을 잘 쓴다. 독립선언서도 33인이 서명했다. 우리는 삼천리 금수강산에 살고 있다. 그래서일까? 우리나라에서 제일 잘 나가는 기업이 어디인가?

부자도 3대를 못 간다고 한다. 서당개도 3년이면 풍월을 읊는다고 했다. 구슬이 서 말이라도 꿰어야 보배라고 했다. 맹모삼천지교. 맹자의 어머니는 자식교육을 위해 3번이나 이사를 하지 않았는가? 유비도 인재를 얻기 위해 삼고초려를 해야 했다. 삼사이행. 3번은 깊이 생각하고 행동에 옮기라고 하지 않는가?

논리학의 3원리는 동일률, 모순률, 배중률이다. 변증법도 정·반·합이다. 2는 왠지 흑백논리 같은 느낌이 들고, 3은 절충이 있는 것 같다. 제3자의 입장에서 사물을 보는 것이 중요하지 않은가? 신기하게 비즈니스 논리도 대부분 3이다. 문제·원인·해결책, 현상·문제점·대책, As-is분석·To-be분석·How-to분석 등. 나중에 자세히 설명하겠지만, 기획을 할 때 가장 많이 쓰는 논리가 대전제, 소전제, 결론이다. 제안서를 작성할 때 가장 많이 사용하는 논리는 Why(문제제기)-Which(최적의 솔루션)-How(추진 플랜 공유)다.

3에 대해 일상생활의 예를 쭉 들어보니 느낌이 어떠한가? 3이라는 숫자에 대한 예가 너무 많으니 읽다가 짜증이 날 것이다. '3가지 관점으로 정리

해서 간단하게 사례를 들어도 다 이해할 텐데…….'

 나처럼 양으로 승부를 걸지는 말자. 일을 많이 했다고 생색내는 비즈니스맨들이 많은데, 일은 시간과 양으로 승부를 거는 것이 아니다. 알렉산더 대왕처럼 골디온의 매듭을 한 칼에 베어버리는 지혜도 필요하다. 가급적 3가지로 정리해서 보고하는 습관을 가지자.

현상과 배경을 분석할 때는 MECE로 중복과 누락을 없앤다

앞에서 피라미드 구조의 세로의 법칙인 So What/Why So에 대해 알아보았다. 이번에는 피라미드 구조의 가로의 법칙인 MECE에 대해 알아보자.

MECE는 'Mutually Exclusive, Collectively Exhaustive'의 약자다. 'Mutually Exclusive'는 각각의 사안이 서로 배타적이라는 얘기다. 즉 중복이 없다는 뜻이다. 'Collectively Exhaustive'는 각각의 사안을 모아 놓으면 전체에서 누락이 없다는 뜻이다. 각각의 사안이 서로 중복되지 않고, 전체적으로 모아 놓고 보면 누락도 없다. 한 마디로 이야기해서 MECE는 중복과 누락이 없는 것이다. 맥킨지&컴퍼니에서 MECE라는 개념을 설명할 때 가장 많이 드는 예가 가위·바위·보 게임이다.

가위, 바위, 보 각각의 사안은 서로 배타적이고 중복이 없다. 이것이 Mutually Exclusive다. 또 가위, 바위, 보 각각을 모아 놓고 보면, 가위·바

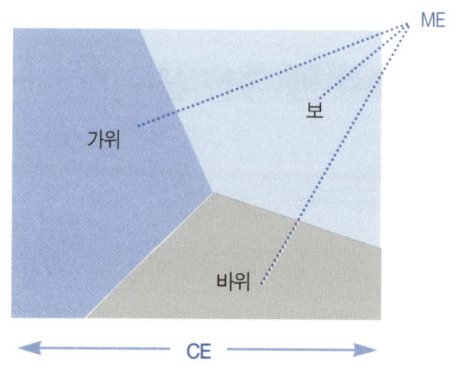

〈그림 9〉 가위·바위·보 게임은 MECE하다

위·보라는 게임 전체에서 누락이 없다. 이것이 Collectively Exhaustive다. 따라서 가위·바위·보 게임은 MECE한 것이다. 그렇다면 어떤 사안을 MECE라는 개념으로 파악하는 이유는 무엇일까?

첫째, 전체 상을 한 눈에 파악하기 위해서다. 전체 상을 파악하지 못하면 상황을 제대로 이해할 수 없고 효과적인 대책도 마련할 수 없다. 피라미드 구조는 결론으로서의 자기주장과 그 결론을 뒷받침할 수 있는 것(이유·근거)의 구조라고 했다. 자신의 결론을 상대방에게 설득할 때, 근거에 중복이 있으면 상대방이 혼란스러워 할 것이고, 누락이 있으면 이해할 수 없을 것이다. 거꾸로 어떤 사안에 중복이나 누락이 있는지를 파악하려면, 먼저 전체가 무엇인지 알고 있어야 한다. 전체를 알아야 중복이나 누락이 있는지를 파악할 수 있다.

둘째, 문제를 해결할 때 서로 중복되거나 누락되는 부분이 없도록 하기 위해서다. 중복이 생기면 불필요한 경비가 지출되거나 혼란을 야기할 수 있고, 누락이 생기면 모처럼 찾아온 기회를 상실할 수 있기 때문이다.

MECE라는 개념을 실무적으로 쓰려면 MECE의 종류를 알아야 한다. 테루야 하나코는 그의 저서 《로지컬 씽킹》에서 MECE에는 크게 두 가지 종류가 있다고 하였다.

전체집합을 완전히
요소분해 가능한 경우

중복과 누락이 절대 없다고
단언할 수는 없지만 파악해두면
커다란 중복과 누락은 없다고
볼 수 있는 경우

첫째, 전체 집합을 완전히 요소분해 가능한 경우다. 연령, 성별, 지역별, 가격대별, 소득별로 완전히 요소분해가 가능한 경우다. 회사의 개인 고객을 거주지역으로 나누고, 다시 동거 가족의 유무, 그리고 소득별로 나누는 방식이다.

대한민국 국민을 전체 집합으로 놓고 MECE로 분해해 보자. 먼저 대한민국 국민은 남성과 여성으로 나눌 수 있다. 이 때 분해하는 기준은 성별이다. 분해한 후에는 남성과 여성 두 요소 사이에 중복이 있는지 그리고 남성과 여성 두 요소가 상위 개념인 대한민국 국민 전체에 대해서 누락이 있는지를 따져 본다. 그런 다음 남성은 연령이라는 기준으로 나누어 보자. 물론 목적에 따라 다르겠지만 설명의 편의상 0세부터 19세까지, 20세부터 39세까지, 40세부터 59세까지, 60세 이상으로 분해할 수 있다. 그리고 각각의

〈그림 10〉 대한민국 국민 MECE 분해 사례

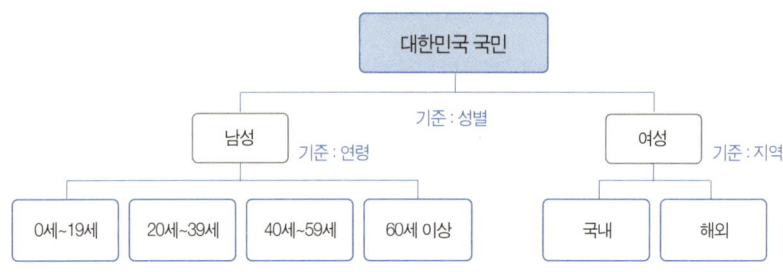

연령별로 나눈 네 집단에 서로 중복이 있는지, 연령별 각 집단이 남성이라는 전체 집단을 놓고 봤을 때 누락이 있는지를 생각해 본다. 여성은 지역으로 나누어 보자. 그러면 국내에 거주하는 여성과 해외에 거주하는 여성으로 나눌 수 있을 것이다. 도표로 표시하면 〈그림 10〉과 같다.

둘째, 중복과 누락이 없다고 단언할 수는 없지만, 파악해두면 커다란 중복과 누락은 없다고 볼 수 있는 경우다. 백화점을 보자. 백화점의 지하에는 주로 신선식품이 진열되어 있다. 1층은 잡화, 2층은 캐주얼 여성복, 3층은 숙녀복이다. 4층은 신사·골프 의류, 5층은 아동·스포츠, 6층은 가전, 7층은 생활용품, 8층은 문화센터와 식당가로 이루어져 있다. 완벽하게 중복과 누락이 없다고 볼 수는 없지만, 이렇게 파악해 두면 백화점 측의 관리나 고객들의 쇼핑에 커다란 혼란은 없을 것이다.

"안녕하세요. 저는 방화동에 사는 황호진입니다. 제가 얼마 전에 처음 만난 여자 분에게 '우와! 현영 닮았어요.' 라고 하니까 그 여자 분이 몹시 화를 내더

라고요. 솔직히 제가 볼 땐 기분 나빠할 입장은 아니었는데, 도대체 상대방에게 누구를 닮았다고 하면 안 되는 건가요?"

KBS 〈개그콘서트〉의 '애매한 것을 정해 주는 남자, 애정남'에 올라온 사연이다. 애정남을 볼 때마다 참 잘 구분한다는 생각이 든다. 그 프로그램의 주 멤버인 최효종과 개그맨들의 머릿속에는 MECE의 개념이 잘 잡혀 있는 것 같다. 그래서인지 시청자들로부터 상당한 인기를 끌었다. 시청자 사연에 대한 애정남의 대답을 들어보자.

"아, 이거 애매합니다. 분명 나는 칭찬이라고 했는데 기분 나빠하는 경우가 있어요. 다들 경험이 있으실 거예요. 자 오늘 제가 확실히 정해드리도록 하겠습니다. 연예인 누구까지 닮았다고 해야 되는지 정해드리도록 하겠습니다. 일단 요거는 만난 시기가 중요합니다."

최효종은 먼저 '만난 시기'라는 기준부터 정한다. 정말 MECE를 잘 이해하고 있는 것 같다. 그런 다음 하나 하나 구분해 간다. 첫 만남일 경우에는 미남미녀의 대명사만 닮았다고 해야 한다. 장동건, 원빈, 송혜교, 한예슬, 김태희. 이렇게 누가 들어도 기분 좋은 사람들만 가능하다. 국민 호감 유재석까지는 닮았다고 해도 된다. 단 성별이 바뀌면 안 된다. 여자한테 장동건 닮았다고 하면 안 되고, 남자한테 김태희 닮았다고 하면 안 된다. 두 번째, 어느 정도 친해졌을 경우에는 개성파 배우도 괜찮다. 유승범, 유해진, 이원종, 박준규. 이렇게 그럭저럭 외모도 되고 매력 있는 사람만 된다. 세 번째 완전히 친해졌을 경우에는 예능인이면 다 된다. 외모가 특이한 코미디언들도 상관이 없다. 신봉선, 정주리, 오지헌, 옥동자, 박지선 등 모두 다 괜찮다. 네 번째 10년 이상 우정을 나눠온 사이라면 동물, 음식, 괴물 다 된다. 이 세상에 존재하는 모든 것이 다 된다. "너 문어대가리 닮았어." 하는 식으로 말이다.

정말 MECE하지 않은가? 첫 만남일 경우, 어느 정도 친분이 있을 경우, 완전히 친해졌을 경우, 10년 이상 우정을 나눠왔을 경우. 각각의 경우에 서로 중복이 없다. 그리고 말해도 되는 닮은 꼴 전체에서 각각의 경우가 누락이 없다.

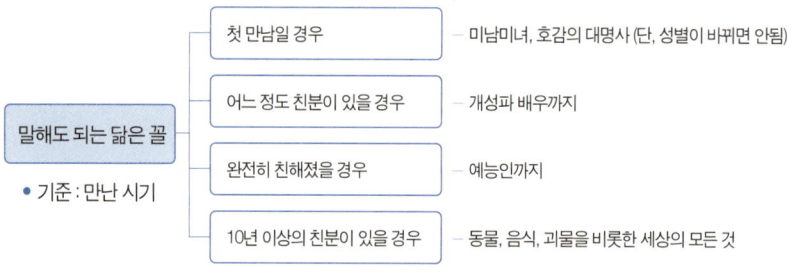

MECE 분해를 하기 위해서는 기준이 있어야 한다. MECE의 기준은 우리 주변에 많다. 우리의 선조들이 수없이 만들어 놓았다. 예를 들어 이익은 매출과 원가로 나누어 생각한다. 전략을 수립할 때는 3C 혹은 4C분석을 한다. 3C는 고객·시장(Customer), 경쟁(Competitor), 자사(Company)다. 4C는 여기에 유통경로(Channel)를 추가한다. 마케팅은 4P다. 4P는 상품(Product), 가격(Price), 경로(Place), 판매촉진활동(Promotion)이다. 과거·현재·미래 또는 단기·중기·장기와 같이 시간 축으로 구분할 수도 있다. 제품 공정 프로세스, 고객 클레임 처리절차, Plan-Do-See처럼 프로세스로 구분할 수도 있다. 은행의 대출심사기준이나 기업평가기준 같은 것도 MECE의 기준이다.

MECE를 전개할 때 반드시 기준이 있어야 한다고 해서 그 기준에 너무 얽매여 MECE 분해를 하지 못하면 곤란하다. MECE 분해를 엄밀하게 하는 것이 중요한 게 아니라 MECE 분해를 한 것이 의뢰인 또는 상사에게 가치 있어야 한다. MECE 전개에 정답은 없다. 무엇을 위해 전개하느냐에 따라 기준은 달라진다. 중요한 건 내가 아니라, 설득할 상대방에게 가치 있는 기준을 잡아야 한다는 점이다.

개인적으로도 친분이 있는 나카조노 유지는 그의 저서《창조적 혁신의 연구》에서 다음과 같은 기준을 밝히고 있다.

첫째, 구조를 분석할 때 사용하는 기준이다. 전체와 개인, 조직과 개인, 상하좌우, 완성품과 부품, 앞과 뒤, 겉과 속, 양과 음, 본체와 그림자, 현재와 잠재, 겉모습과 속마음, 주와 종, 주와 부, 주류와 지류, 중심과 주변, 본질과 현상, 필수와 비 필수, 근본과 지엽말단, 그릇과 내용물, 물질적인 것과 정신적인 것, 하드웨어(Hardware)와 소프트웨어(Software), 탄력적인 것과 비탄력적인 것, 경제적인 것과 비경제적인 것.

둘째, 메커니즘을 분석할 때 사용하는 기준이다. 유기적 관계, 생태학적 관계, 기능분담, 인과관계, 상관관계, 근원과 파생, 효과와 영향, 필연과 우연, 본원적과 전이적, 눈에 보이는 사실과 눈에 보이지 않는 사실, 이해관계, 보완관계, 기생관계, 적대관계, 흡인관계, 지배·피지배 관계, 상부상

조관계, 공존공영관계.

 셋째, 목적과 수단, 달성 상황을 분석할 때 사용하는 기준이다. 목적과 수단, 전략과 전술, 대체관계, 만족과 불만족, 충족과 미충족, 달성과 미달성, 완성과 미완성, 목표와 실적, 문제와 과제.

 넷째, 변화를 분석할 때 사용하는 기준이다. 확률적과 비확률적, 순환적과 비순환적, 규칙적과 비규칙적, 정형적과 비정형적, 일시적과 항상적, 임시적과 경상적, 동태적과 정태적, 확대지향과 축소지향, 계속적과 간헐적, 단기적과 장기적, 만성과 급성, 연속적과 비연속적.

 다섯째, 장래 예측을 할 때 사용하는 기준이다. 위험과 기회, 강점과 약점, 단일 예측과 복합적인 예측, 제약조건과 조직의 노력으로 바꿀 수 있는 조건, 고정적 예측과 조건이 바뀌면 변화하는 예측.

 피라미드 구조 하에서 논리적으로 메시지를 정리할 때는 가로의 법칙인 MECE와 세로의 법칙 So What/Why So를 잊지 말자.

배경분석 · 현상분석 · 기획과제는 연역과 귀납의 상호보완체계를 이루어야 한다

앞에서 문제해결형 기획의 전체 프로세스를 설명할 때 배경분석, 현상분석, 기획과제의 관계를 아래와 같이 화살표로 표시했다.

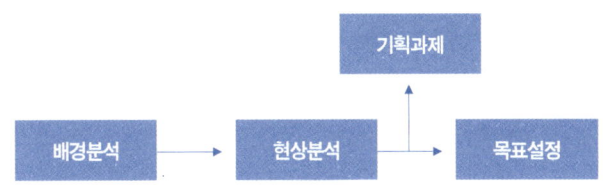

현상을 분석한 후 배경을 분석하면, 배경이 현상을 어디론가 몰아버리고 압박한다고 했다. 그러면 현상으로부터 목표를 설정한 후, 목표와 현상 간의 차이를 도출해서 기획과제를 명확화 한다고 했다. 이 때 중요한 것은 배경과 현상과 기획과제의 관계가 연역과 귀납으로 완벽한 상호보완체계를 이루어야 한다는 점이다. 연역과 귀납의 상호보완체계가 어떻게 이루어지는지 이해하려면 우선 연역이 무엇이고, 귀납이 무엇인지부터 알아야 한다.

고대 그리스의 철학자 아리스토텔레스는 인간이 사고하는 방법에는 모두 세 가지가 있다고 했다. 바로 Deduction, Induction, Abduction이다. Deduction은 연역이고, Induction은 귀납이다. Abduction은 아직까지 학자들이 정확하게 용어를 정의한 것 같지 않다. 우리말로 굳이 번역하자면 '발상'이라고 할 수 있을 것 같다.

지금부터 이러한 사고의 방법이 체계화되면서 우리 인류 문명에 어떠한 영향을 미쳤는지를 간단히 살펴보도록 하자.

아리스토텔레스가 창시한 것이 연역추리다. 연역추리는 보편적인 진리로부터 개별적인 것을 설명하는 것이다. 대표적인 것이 삼단논법이다. 삼단논법은 두 개의 전제와 하나의 결론으로 이루어져 있다. 아리스토텔레스가 든 예를 들어보자.

대전제 사람은 모두 죽는다.
소전제 소크라테스는 사람이다.
결 론 고로 소크라테스는 죽는다.

이와 같이 삼단논법은 대전제와 소전제 그리고 결론으로 이루어져 있다. 대전제는 보편적인 진리이다. 소전제는 개별적인 것이다. '사람은 모두 죽는다'라는 보편적인 진리로부터 개별적인 것 즉, 소크라테스의 목숨이 어떻게 되는지를 설명하려는 것이다. 인류가 가장 먼저 체계화시키기 시작한 것이 바로 이 연역추리다. 그렇다면 왜 다른 사고법보다 연역추리가 먼저 체계화되었을까?

고대의 정치체제는 절대 왕권인 군주제였다. 왕권을 강화하고 정권을 유지하기 위해서는 대전제가 필요했다. 박정희 대통령 시절의 대전제는 무엇이었는가? 반공이었다. 반공이라는 대전제 아래에서 누군가가 개별적으로 이에 위배되는 행동을 하거나 말을 하면 국가보안법에 걸렸다. 조선시대의 대전제는 무엇이었는가? 충과 효를 기본원리로 삼은 유교였다. 왕에게 충성하고 부모에게 효도하는 것이 인간의 가장 중요한 덕목이었다. 이를 어기면 역모죄에 걸리고, 인간 같지 않게 보았다. 공자 왈 맹자 왈, 삼강이니 오륜이니 하는 것들이 정권을 유지하고 사회질서를 유지하기 위해 필요한 대전제였다. 그래서 연역추리가 가장 먼저 발달하게 된다. 연역추리가 발달하면서 고대 문명이 꽃을 피우게 된다.

인간이 가장 먼저 발달시켜서인지, 사람들이 가장 편하고 쉽게 생각하는 논리가 연역추리다. 우리는 어릴 때부터 연역추리를 가장 먼저 배우고 가장 많이 사용한다. 초등학교, 중학교, 고등학교 때 배우는 지식은 이 세상을 개별적으로 헤쳐 나가기 위해 필요한 대전제다. 대학은 또 어떤 곳인가? 사회에서 보다 더 부가가치 높은 개별적인 생존을 하기 위한 대전제를 배우는 곳이다. 고부간의 갈등도 연역추리 때문에 발생한다. 시어머니가 살아 온 시대의 대전제와 젊은 며느리가 살아가는 시대의 대전제가 다르다. 지금 50~60대의 시어머니들은 '못 가진 사회'에서 태어나서 젊은 시절부터 근검절약을 미덕으로 여기며 살아왔다. 반면에 며느리들은 '가진 사회'에서 태어났다. 멀쩡한 가구도 유행이 지났다며 버리고 새로 산다. '근검절약' 이 대전제인 시어머니의 눈으로 멀쩡한 가구를 버리는 며느리의 개별적인 행동을 보면 못마땅하다. 그러니 욕을 한다. "야, 이 집안 말아먹을 년아."

나이가 들수록 연역추리가 발달한다. 살아오면서 대전제들이 형성되기 때문이다. 그래서 연세 많으신 노인들은 생각을 잘 바꾸지 않고 고집이 세다. 젊은 사람들은 답답할 것이다. 반대로 나이든 사람이 젊은 사람들을 보면 항상 말세가 떠오른다. 자신이 살아온 시대의 대전제로 요즘 젊은 사내아이들이 귀걸이하고 화장하고 다니는 것을 보면 '미친놈'으로 밖에 보이지 않는다. 오죽하면 이집트의 피라미드에서 발견된 책에도 '요즘 젊은 애들을 보면 말세다' 라는 내용이 쓰여 있다지 않는가? 나이가 들수록 연역이 발달하고, 나이가 들수록 연역이 가장 편한 사고방식이 된다.

공직사회에 들어가면 사고가 경직된다는 말이 있다. 어쩔 수 없다. 내가 공직에 가도 마찬가지고 독자들이 가도 마찬가지다. 이유는 간단하다. 공무원은 법, 조례, 규율과 같은 대전제 하에서만 생각을 해야 하기 때문이다. 가끔 신문을 보면 이상한 일이 발생한다. 바로 옆에서 발생한 사건인데도 공무원들이 출동을 안 한다. 관할구역이 아니라는 이유다. 일반인의 눈으로 보면 정말 이상하지만, 공직의 눈으로 보면 너무나 당연한 일이다. 기업도 마찬가지다. 기업의 규모가 작을 때는 대전제가 별로 없다. 그러나 인원이 많아지고 규모가 커지면 대전제가 발달한다. 인사규정, 복무규정을 만들고 시스템들을 갖춘다. 그렇게 되면 대전제 하에서 생각하고 행동해야 하기 때문에 사고가 점점 경직된다. 사회가 변하면 그에 따라 대전제들도 변해야 하는데, 예전에 만들어 놓은 대전제 하에서만 일을 하니 문제가 생긴다. 그래서 혁신하지 않는 기업은 망하는 것 같다.

어찌되었건 연역추리가 체계화되면서 고대문명이 발달했다. 그런데 인간이 지나치게 연역추리만 사용하면 폐해가 발생한다. 예를 들면 이런 식이다.

대전제 우리 회사의 직원들은 모두 이러이러한 능력을 갖추어야 한다.
소전제 우리 회사의 홍길동 씨는 이러이러한 능력 중에 이것이 없다.
결 론 고로 홍길동 너 나가.

유럽의 중세시대 때 연역추리의 폐해가 심하게 발생했다. 중세 유럽의 대전제는 무엇이었을까? 바로 성서의 내용이다. 성서를 대전제로 삼고 누군가가 개별적인 말이나 행동을 하면, 그 말이나 행동이 성서의 내용에 맞는지 안 맞는지를 따졌다. 그래서 성서의 내용에 부합하지 않으면 죽여 버렸다. 그게 바로 마녀사냥이다. 물론 성서가 문제가 아니라 이를 정치적 목적이나 자신의 이권을 위해 사용한 게 문제긴 하지만 말이다. 그래서 중세시대에는 새로운 생각이나 행동을 할 수 없었다. 새로운 생각이나 행동을 하면 마녀사냥을 당했기 때문이다. 서양의 중세시대에 문명이 발달하지 못한 것도 연역추리를 지나치게 사용한 탓이 크다. 오죽하면 세계사에서 중세시대를 '암흑기'라고 하겠는가?

고대 아리스토텔레스가 이야기했지만 오랫동안 체계화되지 않던 귀납추리가 근세 초반 서양사회에서 그 모습을 드러내기 시작한다. 본격적인 시작은 1620년에 베이컨이 과학적 귀납법을 제창한 《노붐 오르가눔》을 출간하며 연역추리에 반기를 들면서부터다. "대를 논하고 소를 논하면, 소는 처음부터 대에 포함되기 때문에 결론은 뻔하다. 이런 식의 연역만으로는 새로운 것을 찾아낼 수 없다."라고 말하며 귀납추리를 체계화하기 시작한다. 귀납은 개별적인 것으로부터 보편적이고 일반적인 진리를 도출하는 사고 방법이다.

콜럼버스가 대서양을 건너 서쪽으로 가면 인도에 도착할 수 있다는 결론에 도달한 것도 귀납추리의 산물인 것 같다. 그는 인도로 떠나기를 결정하기 전에 여러 가지 팩트들을 수집했다. 상비센테 앞바다에서 서쪽으로부터 떠밀려온 나무 조각을 주운 뱃사람을 만났다. 조사를 해보니 그 나무 조각에 돌연모로 새긴 장식이 있었다. 그 장식을 본 콜럼버스는 '서쪽에는 쇠로 된 연모가 없구나. 유럽보다 문화가 뒤떨어진 사람들이 있는 게 틀림없어.' 하고 생각한다. 또 포르토산토스 섬의 서쪽 바닷가에 뿌리째 뽑힌 큰 갈대가 떠밀려 왔는데, 이것이 옛 책에 쓰여 있는 인도의 커다란 갈대일 거라고 생각한다. 당시 가장 유명한 지리학자인 토스카넬리로부터 지구가 둥글다는 이야기도 듣게 된다.

개별1 서쪽으로부터 돌연모로 장식된 나무 조각이 흘러왔다.
개별2 포르토산토스 섬의 서쪽 바닷가에 뿌리째 뽑힌 큰 갈대가 떠밀려 왔다.
개별3 토스카넬리로부터 지구가 둥글다고 들었다.

이러한 개별적인 사실들을 종합해서 "지구는 확실하게 둥글고 대서양을 건너 서쪽으로 가면 인도에 도착할 수 있다."라는 결론에 도달한다. 새로운 생각을 하게 된 것이다. 귀납은 이와 같이 새로운 가능성을 도출하는 보석 같은 사고법이다.

귀납추리가 체계화되면서 서양사회에 변화가 일어난다. 새로운 생각이 밀려들면서, 프랑스혁명이 일어나고 영국에서는 산업혁명이 일어난다. 인류 역사상 가장 찬란했던 공업화 사회가 시작된 것이다. 귀납추리가 체계화되면서 인류문명이 진일보한다.

그러다가 인류는 제 1, 2차 세계대전을 맞게 된다. 인류 역사상 가장 크고 치열한 생존경쟁이었다. 사람은 경쟁을 벌일 때 지혜가 가장 발달한다. 내가 생존하기 위해서는 적을 죽여야 한다. 세계대전을 벌이면서 적을 죽이기 위한 과학기술이 무서운 속도로 발전했다. 가공할 위력의 원자폭탄도 2차 세계대전 끝 무렵에 나오지 않았는가? 세계대전을 거치며 사람을 살상하는 과학기술이 엄청나게 발달했다. 그런 이면에 전 세계의 경제는 너덜너덜 만신창이가 되어 있었다. 사람을 죽이는 과학기술은 발전해 있고 경제는 만신창이였다. 자연스럽게 시대적 요청이 일어날 수밖에 없었다. 적을 죽이는 기술을 어떻게 하면 경제를 부흥시키는 기술로 전환시킬 수 있을 것인가?

이러한 시대적 요청에 의해 그 동안 잠들어 있던 발상(Abduction)의 방법론이 체계화되기 시작한다. 'Abduction' 이라는 단어는 'Abduct' 에서 나왔다. Abduct는 '어린 아이를 유괴해오다, 빼앗아오다.' 라는 뜻을 가지고 있다. '사람을 죽이는 기술을 어떻게 하면 경제를 부흥시키는 기술로 빼앗아 올 수 있을까?' 라는 시대적 요청이 일어나며 발상이 발달하기 시작한 것이다. 여기에 불을 당긴 것이 알렉스 오스본의 브레인스토밍(Brainstorming) 이다. 아이디어를 발상하기 위해 지금까지도 전 세계에서 가장 많이 사용하는 기법이다. 2차 세계대전이 끝날 무렵에 러시아에서 개발된 트리즈 (TRIZ), 에드워드 드 보노의 수평적 사고, 토니 부잔의 마인드맵(Mind Map), 가와기타 지로의 KJ법, 나카야마 쇼오카즈의 NM법, 이치가와 교수의 등가변환이론 등이 바로 Abduction의 방법론이다.

이와 같이 우리가 어떠한 사고 방법을 사용하느냐에 따라 인류문명의 흥망성쇠가 결정되어왔다. 인류의 사고 방법이 인류의 역사를 바꾼 것이다. 인류의 역사도 이러할진대 개인은 어떻겠는가? 한 평생을 살아가면서 3가지 사고 방법을 자유자재로 사용할 수만 있다면, 그 개인은 아마도 만족스러운 삶을 살게 될 것이다. 그러나 연역만 사용한다면 어떻게 될까? 나이가 들수록 연역을 경계하자.

연역과 귀납 그리고 발상에 대해 알아보았다. 그러면 배경과 현상 그리고 기획과제의 관계가 어떻게 연역과 귀납으로 상호보완체계가 되는지 알아보자. 배경, 현상, 기획과제의 관계를 도해로 표시하면 〈그림 11〉과 같다. 기획의 전체 흐름은 삼단논법이다. 배경이 대전제, 현상이 소전제, 기획과제가 결론이다. 배경에서는 '세상이 이렇게 변화하고 있다.' 는 대전제를 밝히고, 현상에서는 '자사의 상태가 이러이러하다.' 는 소전제를 밝힌다. 그래서 기획과제로 '우리 회사도 이러한 과제를 해결할 수밖에 없다.' 라는 결론을 내린다.

그런데 왜 기획의 전체 흐름을 연역적으로 구성하는 것일까? 앞에서 나이가 들수록 연역추리가 편하고 이해하기 쉽다고 설명했다. 조직에서 상

• ⟨그림 11⟩ 배경·현상·기획과제의 관계는 연역이다 •

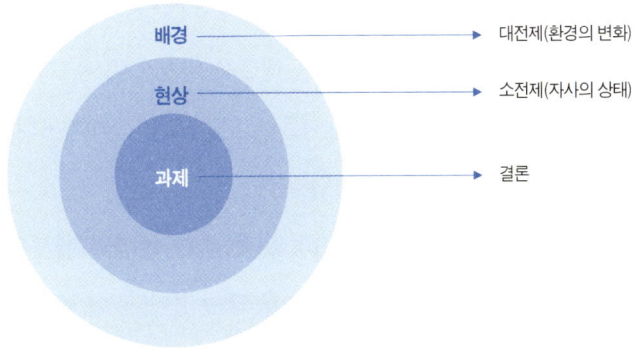

사는 대개 실무자보다 나이가 많다. 연세가 드신 높은 분들이 이해하기 쉽게 기획의 전체 흐름을 연역적으로 구성하는 것이다. 예를 들어 보자.

배경(대전제) 경쟁사가 모두 ERP시스템을 도입하여 효과를 보고 있다.
현상(소전제) 우리 회사는 전사자원관리가 안 되고 있다.
과제(결론) 우리 회사도 ERP시스템을 도입해야 한다.

배경(대전제) 50~60대의 인터넷 사용이 증가하고 있다.
현상(소전제) 우리 회사에는 시니어에게 최적화된 서비스가 없다.
과제(결론) 50~60대 인터넷 이용률 증가에 발맞춘 시니어 최적화 서비스를 제공해야 한다.

기획의 전체 흐름은 이와 같이 연역적으로 구성하면 된다. 그러면 연역과 귀납의 상호보완체계는 어떻게 만드는가? 앞에서 배경과 현상을 분석할 때는 가급적 피라미드 구조로 하는 것이 좋다고 설명했다. 피라미드 구조의 가장 아랫부분은 무엇인가? 팩트다. 팩트를 바탕으로 So What/Why So 과정을 거치며 현상과 배경의 메시지들이 도출되는 것이다. 그것이 귀납이다. 도표로 나타내면 〈그림 12〉처럼 된다.

'우리 회사는 전사자원관리가 안 되고 있다.' 라는 현상의 메시지도 So What/Why So라는 귀납의 과정을 통해 도출되는 것이다. 이렇게 하면 배경, 현상, 기획과제의 흐름이 연역과 귀납의 완벽한 상호보완체계를 갖추게 된다. 그리고 나면 아무도 시비 거는 사람이 없을 것이다. 기획을 하다 보면 도대체 누구 말을 들어야 할지 헷갈릴 때가 많다. 과장님 이야기 다르고 차장님 이야기 다르고 팀장님 생각이 다르다. 그러다 보면 누구 말을 들어야 할지 헷갈린다. 그러나 연역과 귀납의 상호보완체계가 완벽하면 고민할 일이 없다. 소신을 갖고 논리를 전개하자.

지금까지 연역과 귀납이 어떻게 적용되는지 알아보았다. 그러면 기획

〈그림 12〉 배경과 현상의 메시지는 귀납을 통해 도출된다

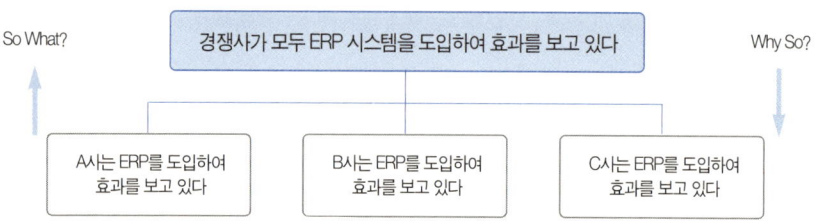

니즈를 분석하는 배경분석과 현상분석 단계에서는 일반적으로 어떠한 정보들을 분석하는지 알아보자. 배경분석은 기획의 대전제가 되는 환경변화에 관한 부분을 분석하는 것이다. 기획의 배경을 분석할 때는 정치, 경제, 사회 동향과 같은 시대변화나 자사분석, 소비자 및 시장분석, 업계 동향 분석 등을 하는데, 그 분석 포인트는 일반적으로 아래와 같다. 그러나 실무자가 기획할 때마다 주제나 기획의 성격에 따라 분석 포인트가 달라진다.

- 자사의 비전, 전략, 방침
- 업계 내 자사의 위상
- 경쟁사의 움직임
- 정치, 경제, 문화 등 사회 변화
- 기술의 변화
- 생태의 변화
- 소비자의 변화
- 시장의 변화
- 사회 및 소비자로부터의 기업평가와 이미지
- 담당 부서 간의 역학관계
- 상사들의 이해관계와 역학관계

이상이 일반적으로 기획의 배경을 분석할 때 많이 쓰이는 포인트이다. 너무 많다는 생각이 들면 STEEP분석이라고 생각하면 된다. STEEP분석의 S는 사회(Society), T는 기술(Technology), E는 경제(Economy), 또 하나의 E는 앞으로 중요한 생태(Ecology), P는 정치(Politics)다. 이상의 다섯 가지 관점에서 어떤 변화가 일어나고 있는지를 분석한다.

이와 같은 포인트를 토대로 배경분석을 실시하면 첫째, 기획의 대전제를 구축할 수 있고, 둘째, 나중에 구상 및 실행단계에서 해결책을 찾을 때 기회요인을 잘 포착할 수 있다.

현상분석은 기획 본제와 관련된 개별적인 사실들을 파악하여 분석하는 것이다. 이것이 소전제가 된다. 예를 들어 상품의 시장점유율과 매출액, 소비자가 그 상품을 선택하는 이유 또는 선택하지 않는 이유, 소비자가 그 상품에 대해 갖고 있는 이미지 등이 그 상품의 현상이다. 그럼 여기서 상품의 판촉기획을 위해 배경과 현상을 분석할 때 어떤 정보가 필요한지 알아보자.

배경정보(대전제) : 기획의 전제가 되는 정보

- 시장 규모와 그 추이
- 카테고리 보급률
- 카테고리의 사회적 지위
- 소비자의 속성(성·연령 등)
- 그 상품이 속한 카테고리에 대한 기사
- 카테고리에 관한 최근 화제
- 카테고리에 대한 소비자의 인식
- 시대가 요구하는 트렌드

현상정보(소전제) : 기획 본제의 현상을 나타내는 정보

- 시장점유율과 그 추이
- 상품의 판매상황
- 상품의 고객층
- 상품의 인지도
- 상품에 관한 최근 화제
- 판매점의 의견
- 상품을 사용한 고객의 의견
- 상품의 광고표현, 판촉물

이와 같이 기획 니즈 분석 단계에서는 배경분석과 현상분석을 통해 기획의 논리적인 근거를 마련해야 한다. 문제해결형 기획의 전체 프로세스에서 다음과 같은 부분이 이에 해당한다.

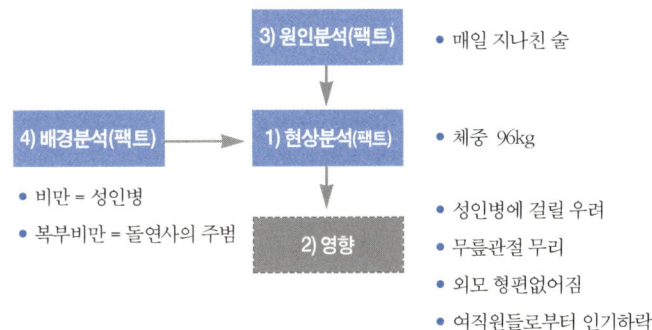

기획과제를 명확화 한 후
기획의 논리적인 스토리를
만든다

　　기획 니즈 분석을 끝낸 후에는 세 번째 단계인 '기획과제 명확화'를 실시한다. 이 때, 과제를 명확화하기 전에 기획 시작 단계에서 명확화 했던 목적을 검증하고 목표를 설정한다. 그런 다음 "이러한 목적 하에서 이러한 목표를 달성하면 이러한 기대효과를 볼 수 있다."라는 식으로 기대효과를 도출한다. 문제해결형 기획의 전체 프로세스로 보면 〈그림 13〉과 같다.

　　지금까지 문제라는 말을 주로 사용했는데, 이번에는 과제라는 표현이 등장했다. 문제와 과제의 차이는 무엇일까? 문제는 제1부에서 정의한 바와 같이 '바람직한 상태(목표)와 현상간의 차이(Gap)이며 해결을 요하는 사항'이다. 과제는 영어로 'Task'다. Task의 어원은 중세시대 라틴어인 'Tasca'다. Tasca는 'tax or service imposed by a feudal superior' 즉 봉건영주로부터 부과된 세금 또는 서비스다. Tasca라는 말에서 두 단어가 분리

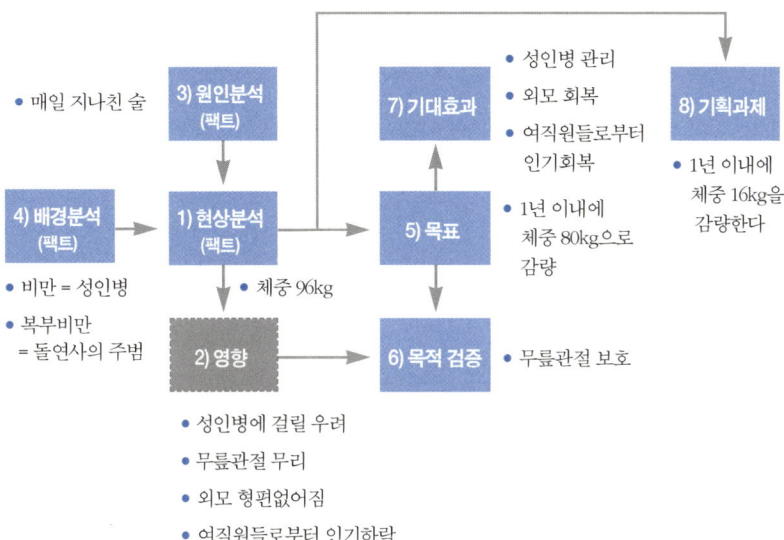

〈그림 13〉 문제해결형 기획 중 기대효과 및 기획과제 도출 과정

되었는데, 지금 우리가 쓰고 있는 'Tax'와 'Task'가 바로 그것이다. 봉건사회에서 영주와 농민은 주종관계였다. 영주로부터 부과된 세금이나 서비스는 반드시 지불하거나 제공하지 않으면 안 되는 것이었다. 이것에서 Task라는 말이 유래되었다. 즉, 과제란 '일정 기간 내에 반드시 하지 않으면 안 되는 일 또는 문제'다. 어원을 알고 과제라는 말을 들으면 전의가 불타오른다. 반드시 해결해야만 하기 때문이다.

현상분석을 끝내고 목표를 설정한 후, 목표와 현상간의 차이(Gap)를 도출하여 〈그림 13〉과 같이 기획과제를 명확화 한다.

기획과제를 명확화하고 나면 앞으로 어떻게 해야 할 지 대략적인 감이 생긴다. '이 과제를 이렇게 하면 풀 수 있지 않을까?' 하는 생각이 떠오른다. 이 때 기획 전반에 대한 '논리적 스토리'를 잡아보아야 한다. 이 단계에서 업무에 관한 지식과 경험, 감성과 지성, 직감 등 기획자 개인의 자질이 그대로 반영된다. 현상파악으로부터 비전에 이르기까지의 논리를 구성하는 것은 기획자 스스로의 능력이라는 것을 잊어서는 안 된다. 그 논리적 스토리는 다음과 같다.

- 기획의 배경이 되는 현상을 파악한다.
- 현상을 만들어 내고 있는 원인을 찾는다.
- 파악한 현상과 원인으로부터 해결해야 할 과제를 도출한다.
- 과제에 대한 대응책으로서 이번 기획을 위치시킨다.
- 목적을 달성함으로써 이룰 수 있는 '밝은 미래'를 제시한다.

대형마트의 매출신장 사례를 예로 들면 다음과 같다.

- 현상 파악 : 분당 지점에서 매출 신장에 어려움을 겪고 있다.(사실 파악)
- 원인 발견 : 원인은 '경쟁사에 비해 지나치게 높은 가격'이다.
- 과제 설정 : '유통비용을 줄임으로써 가격을 얼마나 싸게 할 수 있는가?' 하는 것이 과제다.
- 과제에 대한 대응책 : 유통비용을 줄이기 위한 대응책으로 '신 물류시스템 구축계획'을 제시한다.
- 밝은 미래 : 그 계획을 실시하면 유통비용을 10% 줄일 수 있고, 가격도 그만큼 인하할 수 있다.

컨셉은 기획에서 접착제와 꼬치구이 역할을 수행한다

'산소 같은 여자' 이 말이 누구를 지칭하는지 다들 알 것이다. 지난 2008년, 한 케이블TV의 방송 프로그램에서 흥미로운 조사 결과를 발표했다. 영화배우 이영애가 초등학교 시절 데뷔한 후 그 당시까지 238편의 광고에 출연했다는 것이다. 'CF 퀸'이라는 것은 알고 있었지만, 그 정도일 줄은 몰랐다. 〈대장금〉이 방영되던 당시에는 '이영애의 하루'라는 유머가 나왔을 정도였다. 이영애가 광고하는 상품만 열거해도 하루를 보낼 수 있다는 우스개였다. 그렇게 많은 광고에 출연했지만 내가 뚜렷하게 기억하는 이영애의 광고는 21년 전에 찍은 화장품 CF인 '산소 같은 여자' 밖에 없다. '맑고 깨끗하고 순수한' 제품의 이미지를 '산소 같은 여자'라는 한 마디로 표현한 것이다. 이 카피가 그 CF의 컨셉이다. 이 카피를 만든 카피라이터가 누구인지는 모르지만 제품과 이영애의 순수한 이미지를 정말 잘 결부시킨 것 같다. 이후 이 카피는 이영애를 상징하는 말이 되었다. 팬들에게는 아마 평생 '산소 같은 여자'로 기억될 것이다. 잘 만든 컨셉은 이처럼 사람들의 머릿속에 오랫동안 각인된다. 광고의 컨셉을 개발하는 사람들은 정말 대단한 것 같다. 평생을 따라다니는 컨셉은 하늘에서 그냥 떨어지는 것이 아니기 때문이다. 그렇다면 광고 분야가 아닌 일반적인 업무에서는 컨셉을 어떻게 개발해야 할까?

기획을 해서 주저리주저리 보고하다 보면 사장들이 꼭 질문을 한다. "그러니까 한 마디로 뭐 하자는 이야기야. 한 마디로 보고해 봐." 왜 사장들은 한 마디로 보고하라고 할까?

유능한 비즈니스맨들은 반드시 한 마디로 보고한다. 보고할 때 군더더기가 없다. 요즘 '녹색은 돈이다'라는 이야기가 자주 나오고 있다. GE의 제프리 이멜트 회장이 친환경을 선언하면서 '환경은 돈(Green is green)'이라고 강조한 데서 유래되었다. 미국 달러의 지폐 색이 녹색이라는 점에 착안한 표현이다. 친환경은 이미 기업경영의 최대 화두가 되었다. 우리나라 기업들도 발 빠르게 환경 이슈에 대비하고 있다. 삼성전자의 경우, 유해물질과 폐기물 처리를 글로벌 환경기준 이상으로 강력하게 펴나가겠다고 했는데, 이 회사 CS환경센터의 박상범 전무는 언론과의 인터뷰에서 "자원순환형 시스템을 구축해 2013년부터는 아예 폐기물을 배출하지 않는 사업장을 만들겠다."라고 말했다. 이 한 마디에 모든 것이 응축되어 있다. 더 이상 물어볼 필요도 없다. '전 사업장의 자원순환형 시스템 구축' 이것이 컨셉이다.

컨셉의 조작적 정의는 '현상분석을 통해 명확화 한 과제에 대하여 그 해결 방법을 한 마디로 표현한 것'이다. 컨셉을 제대로 이해하려면 컨셉의 어원을 알아야 할 것 같다. 컨셉은 'Con'과 'Cept'으로 이루어져 있다. 'Con'은 '공통으로'라는 뜻이고, 'Cept'은 '품고 있다'라는 뜻이다. 따라서 컨셉은 '공통으로 품고 있는 생각'이다. 누가 누구와 공통으로 품고 있는 생각인가? 전 세계인이 공통으로 품고 있는 생각이 컨셉이다. 우리말로 '개념'이다. '1+1=2'다. 이것은 전 세계인이 공통으로 품고 있는 생각 즉, 개념이다.

우리는 가끔 "어휴, 저 개념 없는 놈들……."이라는 표현을 한다. 상식을 벗어난 행동을 하거나 요란한 옷차림을 하고 다니는 사람들을 빗대어 쓰곤 하는 말이다. 여기서 '개념 없는 놈들'이라는 말의 의미가 무엇일까? 우리의 생각과 그들의 생각이 공통이 아니라는 뜻이다. 어느 날 한 여직원이 화사하고 앳된 옷차림을 하고 회사에 출근한다. 그러면 여사원들끼리 대화가 오간다. "오늘 컨셉이 뭐야?" "교복을 변형한 프레피룩(Preppy Look)이야. 소녀시대의 초창기 룩 말야." 내가 오늘 프레피룩으로 연출했으니 보는 너희들도 공통으로 프레피룩으로 보라는 이야기다. 〈나는 가수다〉라는 프로그램을 보면 '도대체 저 가수의 한계는 어디까지인가?'라는 생각이 들 때가 있다. 경쟁을 통해 진화하는 가수들의 모습을 보면서 속으로 '멋지다!'라는 감탄사를 외칠 때가 한두 번이 아니다. 그런데 안타깝게도 무대에서 펼쳐지는 가수들의 새로운 시도가 청중들에게 어필하지 못하는 경우가 있다. 그러면 순위가 하위권으로 떨어지게 된다. 가수의 생각과 청중평가단의 생각이 어긋나는 것이다. 컨셉을 잘못 잡은 것이다.

컨셉은 기획에서 클라이언트의 생각과 플래너의 생각을 공통으로 묶어

주는 역할을 한다. 상사 또는 의뢰인의 생각과 실무자의 생각이 같다면 그 기획은 성공한 것이나 다름없다.

컨셉을 개발할 때 한 가지 중요한 것이 있다. 현실 인식이 결여되어서는 안 된다. 아무리 생각이 좋아도 그 생각에 현실 인식이 결여되어 있으면 나라를 망칠 수도 있다.

KBS에서 방영한 대하드라마 〈태조 왕건〉을 보면 그 내용이 잘 드러나 있다. 궁예가 처음 나라를 경영할 때 잡았던 컨셉은 '미륵정토' 였다. 미륵은 석가모니 다음으로 부처가 된다고 약속 받은 보살이다. 자기 자신이 부처가 되어 중생을 구제하겠다는 것이 궁예의 생각이었다. 처음에는 궁예도 민초들과 똑같이 누더기 옷을 입고, 함께 잠을 자고, 주먹밥을 먹었다. 민초들을 직접 치료해주기도 했다.

궁예는 일거에 민심을 획득했다. 궁예가 가는 곳마다 백성들이 몰려왔다. 민심이 궁예 쪽으로 기울자 지방 호족들도 궁예를 찾아와 충성을 맹세했다. 그 무렵 충주의 호족 아지태가 "우리의 조상 중에 고구려는 요동까지도 아우르는 대제국을 건설했습니다. 대왕께서도 그런 나라를 경영하셔야 하는 것 아닙니까?" 하고 궁예에게 잔뜩 바람을 넣는다. 아지태의 이야기를 들은 궁예는 나라의 컨셉을 '미륵정토' 에서 '대동방제국' 으로 바꾼다. 대동방제국이라는 컨셉 하에서 '북벌, 철원천도, 반대세력제거' 라는 세 가지 서브(Sub) 컨셉을 개발한다. 이 때부터 궁예가 변하기 시작한다. 금빛 찬란한 옷을 입고, 행차할 때마다 수십 명의 시동시녀를 대동했으며, 시동시녀들의 뒤에는 스님들이 "옴마니반메훔" 하고 경을 외우며 따라왔다.

'대동방제국' 정말 멋진 생각이다. 그러나 여기에는 현실 인식이 결여되어 있다. 한반도조차 통일하지 못하고, 나라의 기틀도 다지기 전에 북벌은 무모한 짓이다. 경제는 만신창이인데 개경에 궁궐을 지은 지 얼마나 되었다고, 새로운 곳에 또 궁궐을 짓는단 말인가? 현실 인식이 결여된 궁예는 결국 부하들에게 내쫓겨 죽임을 당하고 나라를 태조 왕건에게 넘기게 된다. 이와 같이 컨셉을 개발할 때는 기획자의 생각도 중요하지만 현실 인식이 결여되어서는 안 된다.

컨셉은 기획서에서 '접착제'와 '꼬치구이' 두 가지 역할을 수행한다. 가세다 신이치는 그의 저서 《절대로 통하는 기획서 작성 매뉴얼》에서 접착제와 꼬치구이의 역할을 잘 설명하고 있다. 컨셉은 클라이언트의 생각과 플래너의 생각을 접착제처럼 공통으로 꽉 묶어주는 역할을 한다. 또한 플래너의 생각들을 꼬치구이처럼 하나로 관통시키는 역할도 수행한다. 플래너의 모든 아이디어들을 하나의 컨셉으로 통일하는 것이다.

접착제와 꼬치구이 역할에 대한 이해를 돕기 위해 오래 전 〈중앙일보〉에 실린 기사 하나를 읽어보자. 서울시에서 상암동을 개발할 때의 이야기다. 꽤 오래된 기사다.(152~154쪽)

상암동 개발을 기획한 팀의 입장에서 이 기사를 역으로 분석해 보자. 현상으로는 '난지도의 위치와 면적, 난지도라는 이름의 유래, 15년간 1억 2천만 톤의 쓰레기를 묻은 매립지' 등을 분석했을 것이다. 배경으로는 '서울시의 광역화, 일산·분당과 같은 서울 주변의 신도시 건설, 중국과 가까운 입지조건, 디지털·벤처 붐, 환경단체와 시민단체의 압력' 등을 분석했을 것이다. 서울시가 지금의 규모보다 작았던 시절에는 난지도가 서울의

서울 상암 신도시 추진 의미

서울시가 25일 발표한 '상암 새천년(밀레니엄) 신도시 개발 계획'은 미래 지향적 도시의 새로운 개발 모델을 제시한 것으로 평가된다.

● 의미=지금까지의 도시 개발은 그때 그때의 필요에 따라 장기적 계획과 비전 없이 마구잡이로 진행돼 온 것이 사실이다. 서울은 난개발의 상징으로 비판을 받아왔다. 이번 상암 신도시 계획은 '정보·생태·관문(關門)도시'라는 분명한 성격이 부여된 마스터 플랜에 따른 첫 개발 사례라는 의미가 있다.

산업 폐기물 매립지에 밀레니엄 타운을 세운 영국 런던의 사례에 견줄만하다. 상암 신도시 계획을 성공적으로 추진할 경우 서울은 외국 유수도시와 당당히 경쟁할 기반을 갖추고 첨단 산업발전에 활력을 불어넣을 것으로 기대된다. 특히 향후 뚝섬, 마곡, 문정, 장지지구 등 얼마 남지 않은 서울 내 미 개발지의 개발 방향에도 큰 영향을 미칠 전망이다.

● 디지털·미디어 산업 중추기지화=발표의 핵심은 17만평에 달하는 디지털·미디어시티(DMC)조성계획. 상암 신도시의 중심에 'T'자형으로 조성된다. 이 곳에는 소프트웨어, 멀티미디어, 콘텐츠, 전자출판 등 정보미디어·벤처 분야의 국내외 대형 기업들을 유치하게 된다.

대만의 신주(新竹)과학공업단지, 싱가포르의 과학단지, 말레이시아의 멀티미디어 회랑보다 입지·기반여건이 우위에 있다는 게 서울시의 설명이다. 현재 마이크로소프트, 델컴퓨터, 휴렛패커드 등 미국의 유수 기업이 입주에 관심을 보이고 있는 것으로 알려졌다.

이 곳에는 여의도 방송가와 가까운 입지를 살려 미디어 프로덕션, 인터넷 방송, 디지털 위성방송 등 미래형 미디어 산업의 거점단지도 육성한다. 고건 시장은 '소규모 국내형 벤처기업이 들어선 테헤란로, 포이동과 달리 중국 시장 진출을 노리는 대형 미디어·벤처 기업들을 집중 유치해 차별화하겠다'고 설명했다.

● 환경친화적 주거단지 첫 선=1978년~93년까지 15년간 1억 2천만 톤의 쓰레기가 매립됐던 '버려진 땅' 난지도는 이번 계획이 추진되면 서울 최고의 주거단지로 거듭나게 된다. 난지도라는 이름의 유래처럼 난초와 영지가 되살아나는 환경친화적 주거지에 정보통신 인프라까지 완비된다. 직장과 거주지가 가까운 직주근접(職住近接)형의 주거도 실현된다.

● 공원 1백만 평을 갖춘 푸른 도시=밀레니엄 공원은 2002년 6월까지 조성된다. 10만평의 난지 1매립지(서쪽)에는 국민체육진흥공단이 9홀 규모의 대중골프장을 만든다. 난지 2매립지(동쪽) 5만평에는 억새, 유채, 메밀 등 군락 단지가 조성된다.

● 사업비 확보 등 계획=시는 2010년까지 디지털 미디어시티 조성을 위해 오는 9월까지 세부계획을 마무리한 뒤 올해 말까지 미국, 유럽에서 기업 유치를 위해 해외 로드쇼에 나설 계획이다. 2001년에는 핵심 입주기업과 투자자를 선정하고 2002년부터 시설 공사에 들어간다.

주거 단지의 경우 2006년까지 개발을 마치기로 했다. 1조원으로 추산되는 직접 비용은 시 예산과 중앙정부 지원으로 충당하고 나머지는 국내외 투자 유치로 충당할 계획이다.

강홍빈 행정 1부시장은 '서울시가 부지를 조성한 뒤 건물은 입주 기업이 직접 짓도록 하거나 시설까지 지은 뒤 장기 임대하는 등 다양한 부지 공급 방식을 채택할 것'이라고 말했다.

● 문제점=상암동 신도시 계획은 당초 단지 북쪽에 위치한 10만평 규모의 철도청 부지와 연계해 2048년까지 장기적으로 추진하는 것이 바람직하다는 전문가 의견이 제시됐었다. 그러나 사업일정이 2010년까지로 대폭 단축됐다.

개발방향에 대한 기관간의 의견 차이로 철도청 부지가 빠져 버린 것. 이로 인해 상암 신도시는 경의선과 철도청 부지를 경계로 기존 도시와 연결되지 못하고 '고립된 섬'으로 도시 기능이 약화될 수 있다. 자칫 사업비 조달과 외국 기업 투자 유치가 원활하지 못할 경우 전체 사업이 장기간 겉돌 우려도 없지 않다. 디지털 미디어 시티 조성 일정은 '너무 촉박한 것 아니냐'는 내부 우려도 있다. 이밖에 당초 현대식 제2화장장 입주도 검토됐다가 막판에 빠져 돈 되는 시설 유치에만 치중했다는 지적을 받고 있다.

중앙일보 장세정 기자

외곽에 있었다. 그러다가 서울시가 광역화되면서 난지도가 서울 한 복판에 놓이게 된 것이다. 배경이 현상을 압박하며 난지도를 개발해야 한다는 과제가 형성되었다. 여기까지가 서울시장과 시민들의 생각인 클라이언트 블록이다. 난지도를 한 마디로 어떻게 개발해야 할 것인가?

이 기획의 실제 타이틀은 '상암 새천년 신도시 개발계획'이다. 컨셉은 '버려졌던 쓰레기 섬 디지털 메카로'이다. 컨셉만 보더라도 클라이언트의 생각과 플래너의 생각이 접착제처럼 꽉 묶이는 것을 알 수 있다. 이 기획의 서브 컨셉은 정보, 생태, 관문이다. 이 서브 컨셉 하에서 기획자의 아이디어들이 생성되는 것이다. 〈그림 14〉를 보면 기획자의 아이디어들이 컨셉과 서브 컨셉으로 꼬치구이처럼 관통하는 것을 확인할 수 있다. 컨셉이 기획자의 아이디어들을 하나로 통일시켜 주고 있다. 이것이 컨셉의 접착제

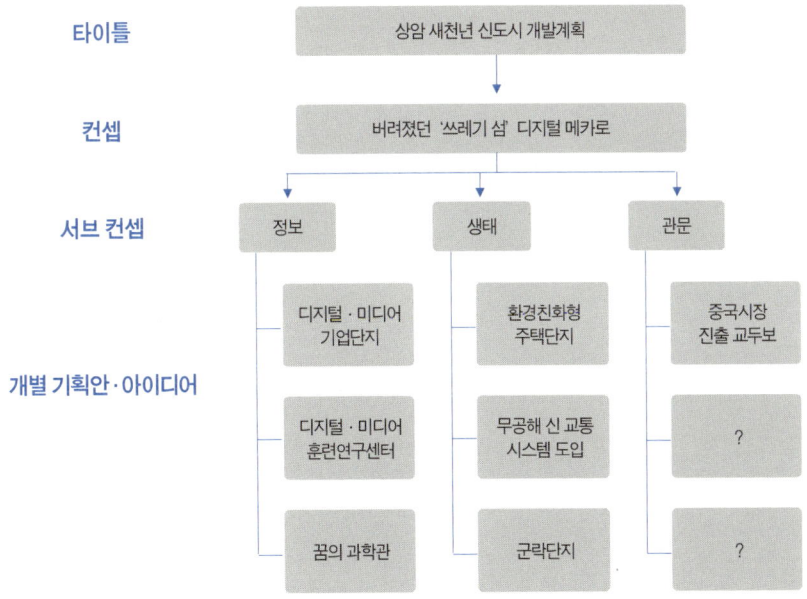

• 〈그림 14〉 상암동 개발계획 컨셉 맵 •

와 꼬치구이 역할이다. (〈그림 14〉에서 관문이라는 서브 컨셉 아래에는 '중국 시장 진출 교두보' 라는 하나의 기획안 밖에 없는데, 실제 기획서에는 그렇지 않을 것이다. 이 정도를 만들 수 있는 사람이라면 MECE라는 개념을 모르지 않을 텐데 이렇게 한 쪽을 빈약하게 만들고 끝내지는 않았을 것이다. 다만, 신문에 실린 기사만으로 상세한 내용까지는 알 수 없어서 빈 칸으로 둔 것임을 감안하기 바란다.)

도곡동에 타워팰리스를 짓고 있을 때, 건설현장에 나가서 강의를 한 적이 있다. 당시 현장 한 쪽에 컨셉 맵이 걸려 있는 것을 봤는데, 그걸 보고 '야! 이거 정말 잘 짓겠구나.' 하는 생각이 들었다. 〈그림 15〉가 그 때 현장에서 보았던 컨셉 맵이다. 타워팰리스를 지으면서, 한 마디로 '새로운 삶을 위한 공간' 을 창조하겠다는 내용이다. 그런 다음 '가장 이상적이고 안전한 초고층 건물' 에서부터 '쾌적한 실내환경' 에 이르기까지 8가지 서브 컨셉을 개발하였다. 이 서브 컨셉들이 현장에 있는 모든 아이디어들을 꼬치구이처럼 관통하고 있다.

예를 들어 '모던한 외관, 세련된 인테리어' 라는 서브 컨셉을 보면 어떻게 해야 하는지 아이디어들이 구체적으로 떠오른다. '다양하고 편리한 커뮤니티 시설' 이나 '미래를 내다보는 주택 내 첨단설비' 를 갖추기 위한 구체적인 아이디어들도 머릿속에 떠오른다. 건설 현장에서 실행되고 있는 모든 아이디어들이 컨셉을 중심으로 꼬치구이처럼 연결되는 것이다.

컨셉과 서브 컨셉을 개발한 뒤에는 자신이 개발한 컨셉과 서브 컨셉이 잘 만들어졌는지 판단해야 한다. 이를 위해 다음과 같은 체크리스트를 활용하면 좋다. 이 체크리스트는 가세다 신이치가 만든 것인데, 이 체크리스트에 많이 부합할수록 잘 만든 컨셉이다.

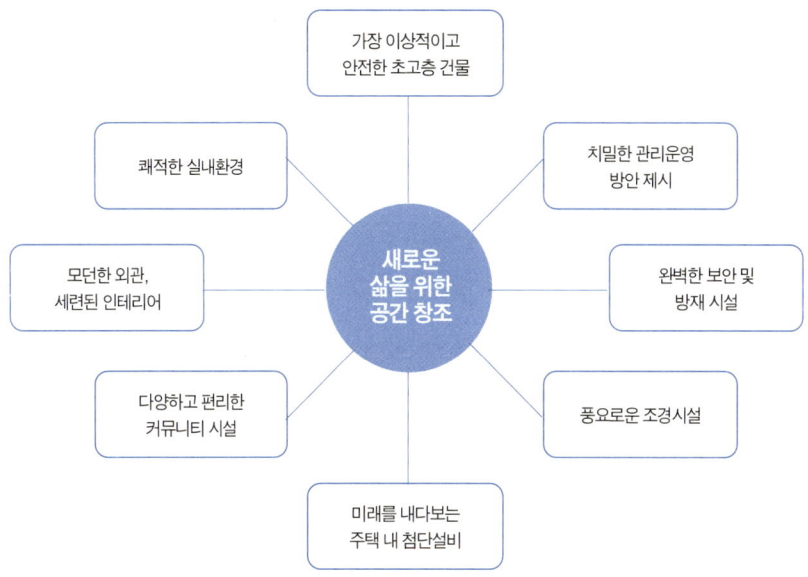

〈그림 15〉 타워팰리스 컨셉 맵

- 고객이 원하고 있는가? (고객 니즈 부응 여부)
- 경쟁 상대와 차별화되는가? (경쟁과 차별화 대응 여부)
- 자사의 전략에 부합하는가? (자사 전략과의 합치 여부)
- 무엇이 옳고 좋은지 알 수 있는가? (가치판단 유무)
- 나아가야 할 방향이 보이는가? (목표 및 방침 포함 여부)
- 무얼 하면 좋은지 사명과 역할을 알 수 있는가? (바람직한 모습 제시 여부)
- 회사의 자금과 인재 등이 잘 사용되고 있는가? (자원 배분 가능성 여부)
- 치우침이 없는가? (전체적인 조정 여부)

- 임직원이 열심히 뛸 수 있는가? (동기부여 가능성 여부)
- 읽기 쉽고 이해하기 쉬운가? (내용 해독의 용이성 여부)
- 이치에 맞는가? (논리 확보 여부)

컨셉과 서브 컨셉이 제대로 개발되었다고 판단되면 컨셉을 세련된 표현으로 가다듬어야 한다. 이 때 AIDMA라는 관점을 활용한다. A는 Attention이다. 컨셉을 보았을 때, 사람들이 주목할 수 있어야 한다. I는 Interest다. 컨셉을 본 사람들이 흥미를 가질 수 있어야 한다. D는 Desire다. 사람들이 컨셉을 보고 욕망을 품을 수 있어야 한다. M은 Memory다. 사람들의 뇌리 속에 컨셉이 기억될 수 있어야 한다. 마지막 A는 Action이다. 컨셉이 사람들의 행동을 불러일으킬 수 있어야 한다. 이와 같이 AIDMA라는 관점에서 컨셉과 서브 컨셉을 세련되게 표현하면 된다.

정보관리 매트릭스를
활용하여 아이디어를
비축한다

컨셉을 개발하고 나면 기획의 마지막 단계인 구상 및 실행계획이 이어진다. 구상이란 기획과제를 해결하기 위해 컨셉 하에서 구체적인 해결책을 찾는 것을 말한다. 기획과제를 명확화 한 후에는 〈그림 16〉과 같이 원인, 장애요인, 기회요인을 공략하여 해결책에 대한 아이디어를 개발한다.

아이디어를 개발하는 데는 두 가지 방법이 있다. 상사로부터 지시를 받은 후에 아이디어를 내는 방법과 그 전에 아이디어를 비축해 두었다가 필요할 때 꺼내 쓰는 방법이다.

아마추어는 상사로부터 의뢰를 받고 나서 아이디어를 생각하려 한다. 그러나 프로는 일상생활을 하며 생각해 두었던 일이나 순간적으로 떠오른 일들을 미리 자세하게 기록해 둔다. 여러 가지 아이디어를 미리 갖추어 놓는 것이다. 남에게 주문을 받고 나서 아이디어를 생각하려고 하면 무척이

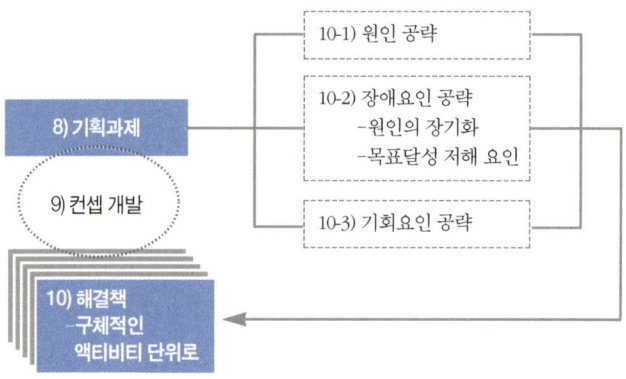

〈그림 16〉 기획과제 해결책에 대한 아이디어 개발

나 어렵게 느껴지고 잘 떠오르지도 않는다. 따라서 평소 생각해왔거나 갑자기 떠오른 아이디어들을 그냥 지나치지 말고 잘 정리해두어야 한다. 그래야 프로다. 아이디어를 비축할 때 많이 쓰는 것이 5W1H다. 먼저 5W1H라는 말이 어디에서 유래되었는지 알아보자.

우리에게 〈정글북〉으로 잘 알려진 19세기 영국의 시인 루드야드 키플링의 'Six honest serving men' 이라는 시가 있다. 여섯 명의 충직한 하인이라는 뜻의 이 시는 다음과 같이 시작한다.

I keep six honest serving men

(They taught me all I knew) ;

Their names are What and Why and When

And How and Where and Who

......

이 시가 발표되면서 5W1H라는 말이 우리 사회의 전면에 등장했고, 이후 기사를 작성하거나 정보를 수집할 때 갖추어야 할 기본이 되었다. 일본의 프로모션 기획 전문가인 구보다 다스야는 5W1H를 기본으로 정보관리 매트릭스를 개발하였는데, 일을 할 때 매우 유용한 도구로 나 역시 큰 도움을 받았다.

구보다 다스야의 정보관리 매트릭스는 〈그림 17〉과 같이 표를 그린 후 여러 항목을 정해 상세하게 내용을 정리해 넣는 방식이다. 정리할 때는 5W1H 원칙을 따른다.

첫 번째 항목은 'What' 이다. 이 곳에는 아이디어의 테마나 자료 등을 써 넣는다. 가능하면 '어떤 아이디어인가?' 하는 내용을 한 단어나 문장으로 표현해 둔다. 예를 들면 이런 식이다. 'SK텔레콤의 트래픽 지도.' '서양화가 장은영의 〈커피 향기 속으로〉를 담은 엔제리너스 커피의 머그잔.' '쌤소나이트의 픽셀큐브 여행가방 전면에 사진작가 배병우의 대표작 〈소나무〉를 프린트하다.'

〈그림 17〉 구보다 다스야의 정보관리 매트릭스

	What	How	Who	Why	When	Where
시 장						
소비자						
상 품						
유 통						
기 타						

두 번째 항목은 'How'다. 이 곳에는 'How much'와 'How to' 두 가지로 나누어 적는다. 'How much'에는 '비용이 얼마나 드는가?' '얼마나 벌 수 있는가?' 등 돈과 관련된 내용을 전부 적어 넣는다. '상품의 가격은 어느 정도가 알맞을까?'와 같이 제품과 관련지어 적어 넣을 수도 있다. 'How to'에는 '어떤 방식을 채택할 것인가?' '어떻게 재미있게 만들 것인가?' '어떻게 사용할 것인가?'에 관한 내용을 적어 넣도록 한다.

세 번째는 'Who'다. 이 항목에는 '이 아이디어는 누구를 위한 아이디어인가?'에 관한 내용, 즉 대상에 관해 적는다. 흔히 우리가 이야기하는 '소비계층이나 타깃'이라고 보면 된다. 또 해당 아이디어를 내는 데 참고가 된 사람이나 참고가 될 사람을 이 항목에 써넣을 수도 있다. 이와 같이 사람에 관련된 모든 내용을 여기에 자세히 기록하는 것이다.

네 번째 항목은 'Why'다. 이 곳에는 '왜 이 아이디어를 냈는가?' '이 아이디어의 근거는 무엇이고 힌트가 된 방아쇠(Trigger) 정보는 무엇인가?' 등에 대해 기록한다. 아이디어가 매우 구체적일 경우에는 '이 아이디어가 어느 정도의 시장성을 갖고 있는가?' 또 '이것이 얼마나 많은 사람에게 어필할 것인가, 어필한다면 시장점유율은 어느 정도가 될 것인가?' 하는 내용을 적을 수도 있다. 즉 이 항목에는 아이디어의 구체적인 설정 배경 등을 모두 기록한다.

방아쇠 정보란 발상이 전개되도록 방아쇠의 역할을 하는 정보를 말한다. 제품 개발의 경우, 일반적으로 새로운 소재나 원리 등이 방아쇠 정보로 사용된다. 예를 들어 값싸고 사용하기 쉬운 센서가 개발되었다는 방아쇠 정보로부터 재미있는 장난감 발상이 나올 수 있다. '남성의 여성화'라는 신문기사를 읽었다면 그것을 방아쇠 정보로 삼아보자. '남성 전문 미용실은 어떨까?' '남성용 스타킹을 만들어 파는 건 어떨까?' '남성용 거들은 불가능한가?' '남성 전용 액세서리 전문점은 어떨까?' '남성 전용 백화점은 어떨까?' 이와 같이 방아쇠 정보를 토대로 발상을 전개해 가는 것이다.

다섯 번째 항목은 'When'이다. 여기에는 시간과 관련된 모든 것을 적어 넣는다. '이 아이디어를 언제 사용할 것인가?' '언제 실행에 옮길 것인가?'와 같이 시간의 흐름에 따른 변화를 적는 것이 중요하다. 단위로는 한 시간, 하루, 일주일, 한 달, 일년 등 숫자로 표현할 수 있는 기간을 쓸 수도 있고 봄·여름·가을·겨울 같이 계절을 사용할 수도 있다. '첫눈 오는 날'이나 '평창 올림픽 유치 기념' 등과 같이 그 때의 분위기를 표현할 수도 있을 것이다. 형식에 구애 받지 말고 시간과 관련된 모든 사항들은 'When'에 기록한다.

여섯 번째 항목은 'Where'이다. 이 곳에는 공간과 함께 아이디어를 실행하는 장소까지 포함하여 기입한다. 땅속이나 동굴과 같이 지구에 속한 공간은 물론이고 우주 공간까지도 기입할 수 있는데, 이것이 뜻밖의 창조적인 발견에 도움을 주는 경우가 많다. 비행기나 자동차처럼 공간을 이동하는 수단을 적을 수도 있다. 항공사에서 사용하는 마일리지 서비스를 중국집에서 삼십 번 배달하면 탕수육을 공짜로 제공하는 식으로 활용하는 것이 좋은 예다.

이상의 여섯 가지 항목에 각각의 내용을 적은 후 첨가할 내용이 있으면 '기타' 항목에 자유롭게 덧붙인다. 또한 아이디어가 떠오른 날짜를 적거나 자기만 알아볼 수 있는 암호나 색상을 사용하여 만든 뒤, 개인적인 분류

체계를 사용하여 정리하면 이 세상에 하나밖에 없는 나만의 '아이디어 노트(Idea Note)'가 완성된다.

아이디어가 떠오르면 반드시 메모하는 습관을 들여라. 아이디어는 순간적으로 떠올랐다가 바람처럼 사라진다. '나중에 또 떠오르겠지……' 하고 생각하면 오산이다. 당시 떠올랐던 아이디어가 얼마짜리일지 아무도 모른다. 반드시 메모를 하자. 그렇게 차곡차곡 아이디어가 쌓이면, 언젠가 필요한 순간에 자신만의 아이디어를 체계적으로 검색할 수 있을 것이다.

해결책을 찾을 때는 브레인스토밍을 활용한다

해결책을 찾고 아이디어를 내는 가장 강력한 도구가 브레인스토밍(Brainstorming)이다. 브레인스토밍은 1941년에 미국의 BBDO 광고대리점 사장인 알렉스 오스본이 개발한 기법이다. 이 기법을 제대로 쓰려면 브레인스토밍이라는 말의 의미부터 알아야 할 것 같다. 브레인스토밍은 정신병리학의 '정신착란상태'에서 유래되었다. 브레인스토밍을 할 때에는 마치 정신착란 상태에 빠진 것처럼 해야 한다. 제 정신을 갖고 하면 안 된다. 그래야 기발한 아이디어들이 나온다.

기획을 할 때 처음부터 브레인스토밍을 하는 것은 좋지 않다. 처음에는 분석적 사고를 통해 논리적인 해법을 찾아야 한다. 합리적이고 논리적으로 생각해도 도저히 해결책을 찾을 수 없을 때 브레인스토밍을 해야 한다. 논리가 막다른 골목에 다다랐을 때 하는 것이 효과적이다. 논리적으로 생각해 볼 것은 다 해 보고 나서 정신착란 상태에 빠진 것처럼 미친 듯이 해야 의외의 해결책을 찾을 수 있다.

브레인스토밍을 제대로 하기 위해서는 브레인스토밍의 4원칙이 왜 만들어졌는지를 이해해야 한다. 문제를 해결할 아이디어를 내려고 해도 우리의 머릿속에 있는 묘한 장벽 때문에 좀처럼 아이디어가 잘 나오지 않는다. 아이디어를 가로 막는 장벽은 인식의 장벽, 문화의 장벽, 감정의 장벽 세 가지다.

첫 번째, 인식의 장벽은 문제의 본질을 제대로 보지 못하거나 문제를 잘못 파악하는 것이다. 문제를 파악하지 못하고서는 아이디어가 나올 리가 없다. 제2부의 앞부분에서 예로 든 조카의 이야기가 여기에 해당한다. 조카의 문제가 수학을 못하는 것이라고 파악해 버리면 절대 문제를 해결할 수 없다. 문제를 잘못 파악했는데, 그 문제를 해결하기 위한 해결책 즉, 아이디어가 나올 리 있겠는가?

두 번째가 문화의 장벽이다. 우리는 누구나 문화의 혜택을 입고 산다. 문화사회는 약속 위에 성립되어 있다. 통로에서 우측으로 걸어야 한다는 것, 길거리에서 방뇨를 해서는 안 된다는 것과 같은 법률·규칙·습관·전통·풍속의 테두리 안에서 사고를 한다. 어릴 때부터 "이렇게 해서는 안 된다, 저렇게 해서는 안 된다."라는 테두리에 갇혀서 점차 남과 다른 짓은 하고 싶지 않다는 사고에 속박되어 버린다. 이러한 틀 속에 갇혀 아이디어를 낼 수 없는 것이다.

세 번째, 감정의 장벽은 한 마디로 '쪽팔림' 이다. 비판에 대한 두려움이다. 분명히 좋은 아이디어가 있음에도 불구하고 비판을 받을까 두려워 이야기를 하지 않는 것이다. '괜히 이야기를 꺼냈다가 바보 되는 거 아니야?' 하는 마음이 아이디어의 전개를 막는다. 감정의 장벽이 심한 사람은 2가지를 생활신조로 삼는다. '침묵은 금이다.' '가만 있으면 중간이나 가지.'

오스본이 브레인스토밍을 창안하고 1953년에 《독창력을 길러라(Applied Imagination)》라는 책을 출간하며 4가지 원칙을 완성하기까지 무려 12년이라는 세월이 걸렸다. 걸린 세월만 봐도 이 4가지 원칙이 그냥 나온 것이 아니라는 것을 알 수 있다. 브레인스토밍의 4가지 원칙은 다음과 같다.

① 비판엄금
② 자유분방
③ 질보다 양
④ 편승환영

첫 번째 원칙이 비판엄금이다. 브레인스토밍을 하는 중에는 절대로 비판을 해서는 안 된다. 인간은 아무래도 자기중심적으로 생각하기 때문에 다른 사람이 무언가 아이디어를 내면 곧바로 흠을 잡으려 한다. 자기 생각을 꺼내놓았다가 "그거 생각은 좋은데 실행으로 옮길 수 있을까?" "아까 한 얘기잖아." 하는 식으로 흠을 잡히면 실망을 하게 되고, 실망하면 모처럼 나오려던 것까지 기어들어가 버린다. 어떤 경우에는 "그럼 네 생각은 뭐야. 넌 아이디어 하나라도 냈어?" 하고 서로 팽팽하게 맞서 말다툼을 하기도 한다. 갑론을박하며 서로 얼굴이 붉어지게 된다. 감정적으로 변하면 아이디어가 나올 리 없다. 비판엄금은 감정의 장벽을 없애기 위해 만든 원칙이다. 아이디어에 대한 평가는 브레인스토밍이 다 끝난 뒤에 하면 된다. 바보 같고 어처구니없는 아이디어가 나오더라도 절대로 비판해서는 안 된다. 비판을 하면 아이디어의 수가 줄어든다.

두 번째 원칙은 자유분방이다. 이것은 문화의 장벽을 극복하기 위해서 만든 규칙이다. 브레인스토밍을 할 때는 정말 자유분방하게 진행해야 한다. 그러지 않으면 어렸을 때부터 형성된 틀 속에 갇혀 새로운 생각을 하지 못한다. 브레인스토밍을 할 때 사회자가 가장 잘 유도해야 하는 규칙이다. 나 역시 회의를 하다가 해결책을 찾지 못하면 회의를 중단하고 잠시 휴식을 취한 뒤 브레인스토밍을 할 때가 많다. "지금부터는 브레인스토밍을 합시다."라고 하면, 말이 떨어지기가 무섭게 신입사원들까지도 회의실 탁자 위에 다리를 올려놓는다. 자유분방하고 웃음이 가득한 속에서 브레인스토밍을 진행해야 한다. 어처구니없고 바보 같은 아이디어가 오히려 참가자들의 웃음을 유발하고 사람들을 자유롭게 만든다.

내가 가끔 사용하는 방법이 있다. 술이다. 알딸딸해지면 사람들은 자유분방해진다. 이 때 중요한 건 절대 취할 정도로 마셔서는 안 된다는 점이다. 회의를 하다가 그날 해결책을 못 찾으면 자연스럽게 회식 자리로 이어진다. 회사에서 늦게까지 회의를 해봐야 별 소용이 없기 때문이다. 회식 자리에서 잔이 석잔 정도 돌았을 때, 15분 정도로 짧게 끝내는 것이 좋다. 이 때 반드시 기록하는 사람이 있어야 한다. 나중에 취해서 필름이 끊기면 곤란하기 때문이다. 어제 분명히 기가 막힌 해결책을 찾았는데 기억은 안 나고 속만 쓰려서야 되겠는가?

자유분방이라는 원칙을 만든 또 한 가지 이유는 천재의 특성을 닮아보자는 것이다. 우리 같은 범인들은 사물을 바라볼 때 한두 가지 각도에서 바라보지만, 천재들은 주어진 문제를 해결하기 위해 다양한 각도에서 사물을 보는 특성이 있다. 사물을 바라보는 각도가 많으면 많을수록 아이디어가 풍부해진다. 브레인스토밍에 참가한 사람들의 지식과 경험은 모두 제각각이다. 따라서 사물을 보는 각도가 전부 다르다. 비판하지 않고 자유분방하게 브레인스토밍을 하다 보면, 그 중 한 참가자가 생각지도 못한 각도에서 아이디어를 낸다. '아! 저런 관점에서도 생각해 볼 수 있구나. 나도 한 번 저런 각도에서 생각해봐야겠다.' 그러면 또 다른 사람이 전혀 새로운 각도에서 아이디어를 낸다. '아 저렇게도 생각할 수 있구나.' 참가자들이 각자의 틀 속에 갇히지 않고 점점 다양한 각도에서 문제를 바라보게 된다. 그러면 해결책도 점차 다양하고 풍부하게 나온다.

　세 번째 원칙은 질보다 양이다. 이 원칙 역시 천재의 특성을 닮아보자는 것이다. 천재들은 문제에 대한 집중력이 대단하다. 그와 동시에 문제에 대한 해결방안이 구름처럼 뭉게뭉게 떠오르는 특성이 있다. 그 중에는 훌륭한 아이디어도 있고 전혀 쓸모없는 것도 있다. 수없이 많은 아이디어 중에서 옥석을 가리는 것이다.

　전기 작가들은 드라마틱한 표현을 좋아한다. 사과나무 밑에서 낮잠을 자다가 사과가 뚝 떨어지는 것을 보고 뉴턴이 만유인력을 발견했다고 한다. 와트는 일요일 오후 정원을 거닐다가 돌연 증기기관의 컨덴서 아이디어가 떠올랐다고 한다. 이런 이야기를 들으면 천재들은 그다지 많이 생각하지 않아도 훌륭한 아이디어가 신의 계시처럼 솟아오르는 것 같다. 그러나 이들이 천재라 할지라도 그 문제의 해결에는 몇 년이라는 세월이 걸렸다. 그 세월 동안 수없이 많은 아이디어가 떠올랐을 것이다. 하찮은 아이디어까지 수없이 시도해보고 결국 최후에 주옥같은 해결책을 찾은 것이다. 에디슨이 전구의 필라멘트를 개발할 때도 대략 1,200번의 실험을 했다고 알려져 있다. 개발에 성공하기까지 에디슨과 기술자들이 쓴 공책은 무려 3,500권이 넘었다고 한다. 천재들도 하나의 문제를 해결하기 위해 이렇게 수없이 많은 아이디어를 내고 시도하는데 하물며 우리같이 평범한 사람들이 조직에서 인생에서 문제를 해결할 때 한두 가지 대안만 갖고 생각한다는 것은 어불성설이다. 질보다 양을 추구하자.

네 번째 원칙은 편승환영이다. 이것도 역시 천재의 특성을 닮아보자는 것이다. 천재의 또 하나의 특성은 타인의 아이디어를 결부시켜 더욱 좋은 것으로 만든다는 점이다. '하늘 아래 새로운 것은 없다' 라는 격언이 있다. 이 세상에 새로운 것이 계속 나오지만 잘 살펴보면 어느 것이나 선조들이 남긴 것을 새롭게 조합한 것에 지나지 않는다. 어디에도 없는 새로운 것을 발명했다고 하지만 쓰인 재료나 아이디어는 모두 선조들이 남긴 것들이다.

천재들은 문제를 발견하는 것도 능숙하지만, 그것을 해결하기 위해 타인의 아이디어를 결부시키는 점이 특히 뛰어나다. 브레인스토밍을 할 때 다른 사람이 낸 아이디어에 편승하여 개선된 아이디어를 내거나, 참가자들의 아이디어를 나의 생각과 연결하여 새로운 아이디어를 내는 것이 편승환영이다. "나는 나 이전의 마지막 사람이 멈추고 남겨 놓은 것에서 출발한다." 1879년 11월 4일 미국 특허청에 에디슨이 제출한 백열전구 특허신청서의 첫 문장이다.

브레인스토밍의 4원칙은 우리들 머릿속에 있는 아이디어를 가로막는 장벽을 제거하고, 독창적인 천재의 특성을 신장하기 위해 만들어졌다. 이 4원칙을 잘 이해하고 브레인스토밍을 제대로 훈련하기만 하면, 아이디어를 내고 해결책을 찾기 위해 이보다 더 강력한 기법을 찾기 어려울 것이다.

여기서 한 가지 짚고 넘어가야 할 것이 있다. 브레인스토밍의 4원칙을 지켜야 하는 이유가 머릿속에 있는 보이지 않는 장벽을 허물기 위해서라고 했다. 그런데 이 4원칙은 문화의 장벽과 감정의 장벽을 허무는 데에는 도움이 되지만 인식의 장벽을 허무는 데에는 영향을 주지 못한다. 브레인스토밍은 본래 아이디어를 창출하는 단계에서 사용하는 기법이기 때문에 문제의 본질을 보지 못하거나 문제를 잘못 파악하는 것과 같은 인식의 문제와는 상관이 없다. 문제에 대한 인식은 브레인스토밍을 하기 이전의 단계에 속한다. 인식의 장벽을 극복하는 가장 좋은 방법은 앞에서 설명한 '목적 지향적 사고'다.

기획과제를 명확화 한 후에 컨셉을 개발하면, 그 컨셉 하에서 해결책을 찾는다. 해결책을 찾을 때 공략하는 것이 원인, 장애요인, 기회요인이다. 먼저 인과관계를 철저히 따져 원인을 논리적으로 공략하라. 그런 다음 장애요인과 기회요인을 공략할 때는 브레인스토밍을 활용하자.

액티비티 별로
마감날짜를 정해야
절박감이 생긴다

지금까지 해결책을 찾는 방법으로 '정보관리 매트릭스'와 '브레인스토 밍'에 대해 설명했다. 지금부터는 실행계획을 수립하는 방법에 대해 알아보도록 하자.

실행계획을 수립할 때 가장 먼저 하는 것이 스케줄을 정하는 것이다. 스케줄을 만들 때는 두 가지가 중요하다. 첫째는 해결책을 구체적인 액티비티 단위로 만드는 것이다. 일을 액티비티 단위로 분해하는 이유는 관리하기 좋게 만들고 실행으로 연결시켜 성과를 내고, 액티비티 별로 책임의 소재를 명확히 하기 위해서다. 기획서를 읽다 보면 'OOO추진' 'OOO활성화' 'OOO의 강화' 'OOO의 달성' 등의 표현을 자주 보게 된다. 사고가 터졌을 때 자주 보이는 표현은 'OO실 설치'와 'OO위원회 신설'이다. 이런 표현들은 어찌 보면 일을 안 하겠다는 이야기나 마찬가지다. 실무자가 실행계획을 보고 '어떠한 일을 누구의 주도로 언제부터 언제까지 어떻게 어느 수준까지 할 것인지'에 대한 답을 찾을 수 있어야 한다. 그래야 제대로 실행으로 옮길 수 있고 성과를 낼 수 있다.

스케줄을 만들 때 중요한 두 번째 요소는 액티비티 별로 시작날짜와 마감날짜를 정하는 것이다. 시간을 설정하지 않으면 일을 질질 끌다가 지연되기도 하고 관련자들 사이에 오해가 생기기도 한다. 예를 들어 "되도록 빨리 생각해 주게." 하고 상사가 지시하고, 실무자가 "네, 가까운 시일 안에 보고하도록 하겠습니다." 하고 답했다고 하자. 여기서 '되도록 빨리'는 언제까지를 말하는 것인가? '가까운 시일 안에'는 하루인가 일주일인가 한 달인가? 분명하지가 않다. 이러면 나중에 시비가 벌어진다. 물론 100% 실무자가 깨지겠지만 말이다.

구체적인 시간을 정할 때 특히 중요한 것이 마감날짜다. 마감날짜를 정하면 머릿속에 절박감이 생긴다. 절박감이 생기면 두뇌의 회전속도가 엄청나게 빨라진다. 다들 학창시절에 이미 경험하지 않았는가? 중간고사에서 밤을 새워가며 당일치기를 할 때마다 이런 생각을 한다. '내 머리가 이렇게 좋았구나. 왜 이 좋은 머리를 여태 썩였지? 기말고사 때는 미리 공부해야지…….' 하고 몇 번이나 다짐했을 것이다. 절박감이 생기니까 두뇌의 정보처리 속도가 배가되는 것이다. 마감날짜와 정보 처리량의 관계를 그래프로 표시하면 〈그림 18〉과 같다.

기계는 시간의 흐름에 따라 정보 처리량이 비례해서 증가하지만, 인간의 두뇌는 그렇지 않다. 처음에는 지지부진하다. 거의 두뇌가 작동하지 않는다고 보면 된다. 그러다가 마감날짜가 정해지면 서서히 작동하기 시작

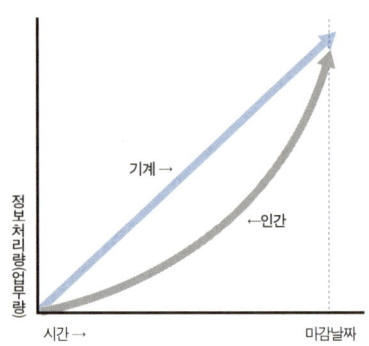

• 〈그림 18〉 마감날짜와 정보처리량의 그래프 •

한다. 마감일이 코앞으로 다가오면 인간의 두뇌는 엄청난 속도로 정보를 처리한다. 마감일을 정해 자신의 능력을 배가시키자.

일을 잘하는 사람은 최종 마감일에 앞서 몇 단계의 중간 마감날짜를 설정한다. 예를 들어 최종 마감날짜가 10월 말이라면 첫 번째 마감날짜를 8월말까지로 하고, 두 번째 마감날짜를 9월말까지로 설정하는 것이다. 그러면 〈그림 19〉와 같이 중간 마감날짜마다 정보처리가 빨리 이루어진다. 결과적으로 최종 마감날짜만 설정했을 때보다 훨씬 일을 빨리 끝낼 수 있게 된다. 기획을 할 때도 단계별로 마감날짜를 정해서 해나가면 그렇지 않을 때보다 충분한 분석과 풍부한 발상을 할 수 있을 것이다.

스케줄을 관리할 때 많이 사용하는 것이 간트 차트(Gantt Chart)와 퍼트 차트(PERT Chart)다. 간트 차트는 1919년에 헨리 간트라는 사람이 만든 것인데, 과제별로 액티비티를 분해한 다음 바(Bar) 차트를 이용하여 시작일과 마감날짜를 표시함으로써 일의 진척상황을 관리하는 것이다. 조직에서

• **〈그림 19〉** 마감날짜의 단계별 설정 그래프

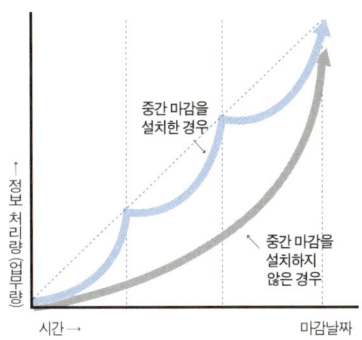

일을 할 때는 여기에 더해 액티비티 별 담당자를 주와 보로 나누어 명기하여 사용하면 된다. 간트 차트는 월간이나 연간으로 이루어지는 일상적인 스케줄을 관리할 때 편리하다.

• **〈그림 20〉** 간트차트

마감날짜 액티비티	1주	2주	3주	4주	5주	담당자 주	보
1. 제1과제							
액티비티1	→						
액티비티2	→→						
액티비티3	→→→						
2. 제2과제							
액티비티1		→→					
액티비티2		→→→					
3. 제3과제							
액티비티1			→→				
액티비티2			→→→				

퍼트(PERT)는 'Program Evaluation & Review Technique'의 약자다. 퍼트 차트는 1958년 미 해군 군수국 특수 프로젝트부에서 폴라리스 잠수함용 미사일의 개발 진척 상황을 측정하고 관리하기 위해 부즈앨런&해밀턴 사에서 개발한 것이다. 프로젝트 달성에 필요한 모든 작업을 작업내용과 순서를 기초로 하여 파악하는 것이다. 퍼트 차트는 모든 일상적인 업무의 진행 절차를 정하고 작업을 효율적으로 진행하기 위해 사용한다. 퍼트 차트의 형태와 활용방법은 〈그림 21〉과 같다.

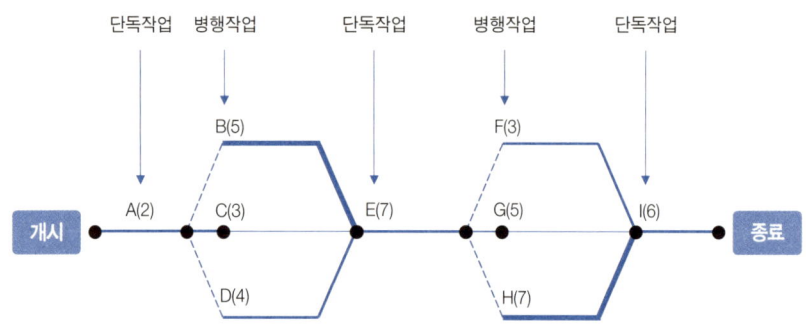

〈그림 21〉 PERT 차트

- ●와 ● 사이의 알파벳은 작업 명칭 즉, 액티비티를 나타낸다.
- ( ) 안에는 소요 일수를 표시한다.
- 왼쪽의 작업이 끝나지 않으면 오른쪽의 작업이 진행될 수 없다.
- 병행작업 가운데 가장 많은 시간이 소요되는 경로를 최장경로(Critical Path)라고 부른다.

- 일정을 단축하려면 위 도표에서 최장경로상의 A, B, E, H, I 등의 작업을 분할하거나 지원하는 방법을 통해 단축시키면 총 일수가 단축될 수 있다.
- 서브 과제별로 위와 같은 도표를 만들어 전체를 모아 하나의 네트워크도로 완성한다.

이와 같이 퍼트 차트에서는 전체 작업을 선행작업, 병행작업, 후속작업 등 세 가지로 구분하여 상호관계를 엮어나갈 수 있다. 이 방법은 네트워크 상에 일의 진행순서를 도해화 하는 것이다. 가장 많은 시간이 소요되는 최장경로를 파악하는 이유는 프로젝트의 진행 도중에 시간이 지체되는 것을 방지하는 데 매우 중요한 역할을 하기 때문이다. 늘 벌어지는 일을 할 때는 간트 차트가, 처음 하는 일을 할 때는 퍼트 차트가 도움이 될 것이다.

스케줄을 완성했으면
돌발사태에 대비한
계획을 세운다

    스케줄을 완성하면 컨틴전시 플랜(Contingency Plan)을 세워야 한다. 컨틴전시 플랜이란 기획안을 실행할 때 예상되는 돌발사태에 대비한 계획이다. 스케줄이 완성되면 액티비티 별로 실행 시 예상되는 문제점을 확인한다. 그러나 앞으로 발생할지 그렇지 않을지 모를 일을 이것도 걱정되고 저것도 불안하다며 모조리 손을 쓰다가는 한도 끝도 없다.

    TV를 보다가 실행 시 예상되는 문제점을 정말 기가 막히게 잘 찾아내는 조직을 발견했다. '어쩜 저렇게 잘 찾아낼 수 있을까?' 정말이지 혀를 내두를 정도였다. 그 조직은 바로 〈개그콘서트〉의 '비상대책위원회'다. "현재 범인은 개그콘서트 녹화장을 폭파하겠다고 협박 중입니다. 10분 안에 녹화장에 있는 사람들을 대피시켜야 합니다." "야! 안 돼에~ 내가 개콘 녹화장 가자마자 '여러분 대피하십시오.' 그러면 사람들이 뭐래? '새 코너가?

재미있겠네.' 그런다고. 또, 그럼 내가 '여기 폭탄이 설치되어 있다니까요?' 그러면 뭐래? '경찰 코너인가 봐.' 그래도 내가 계속 '대피하세요, 대피하세요.' 그러면 뭐래? '대피하세요가 새로운 유행어인가 봐.' 이런다고." 개그맨 김원효는 실행 시 예상되는 문제점을 수도 없이 찾아낸다. 그러나 발생가능성도 없는 하찮은 문제점에 대비하기 위해 많은 자원을 투입하는 것은 어리석은 행위일 뿐이다.

발생확률이 높고 발생하면 지대한 영향을 미치는 것들은 어떻게 파악해야 할까? 이러한 문제점들은 다음과 같은 네 가지 영역에서 주로 발생한다.

① 지금까지 한 번도 해본 적 없는 일
② 책임과 권한이 중복되어 있는 일
③ 급박한 기한에 쫓기는 경우
④ 책임자의 지휘가 직접 이루어지지 못하는 원격지에서 벌어지는 일

위와 같은 네 가지 영역에서 실행 시 예상되는 문제점들을 추출한 다음, 발생할 확률이 높고 일단 발생하면 커다란 사태로 번질 가능성이 높은 것들만 추려내야 한다. 단, 발생할 확률이 낮더라도 만일 발생할 경우 그 영향이 심각한 것들도 추려내야 한다. 그런 다음 그 문제점이 발생하지 않도록 예방대책을 마련하면 된다.

실행 시 예상되는 문제점을 파악하여 발생하지 않도록 예방대책을 마련했음에도 불구하고 문제가 발생하는 경우가 있다. 또 예방대책을 아예 마련할 수 없는 경우도 있다. 그럴 때 어떻게 대처할 것인지 '발생 시 대책'

도 준비해야 한다. 다큐멘터리 작가 윤영수가 쓴 《불패의 리더 이순신, 그는 어떻게 이겼을까》를 보면 그 내용이 잘 묘사되어 있다.

"필사즉생(必死則生), 필생즉사(必生則死)! 죽기를 각오하고 싸우면 살 것이요, 살기를 작정하고 싸우면 반드시 죽을 것이다!" 13척의 배로 적선 130여 척을 물리친 명량해전에서 이순신 장군이 부하들에게 당부한 청사에 남을 말이다. 명량해전은 이순신 장군의 전략의 승리였다.

"한 사람이 길을 지키면 능히 천 명을 막아낼 수 있느니라!" 이순신 장군은 '울돌목은 물길이 좁다. 아무리 많은 적이 몰려온다 해도 실제로 전투를 벌일 수 있는 적선은 10여 척 내외다.' 라는 판단으로 적의 길목을 막고 수적 열세인 아군의 힘을 집중해 대승을 거뒀다. 결과를 아는 지금은 명량해전을 편하게 분석할 수 있지만, 오랫동안 깊이 고민하고 분석하지 않고서는 나올 수 없는 놀라운 전략이었다.

이순신 장군은 무엇보다도 실행 시 예상되는 문제점을 잘 생각했던 것 같다. 문제는 조선의 장수와 수군들이었다. 그들은 두 달 전에 거의 전멸을 당할 뻔 했던 패잔병들이었다. 아무리 이순신 장군이 있다고는 하나, 바다에서 130여 척의 적선이 위용을 뽐내며 돌진해오는 것을 겁내지 않을 병사가 누가 있겠는가? 나 같아도 도망갈 것 같다. 이순신 장군은 그것을 실행 시 예상되는 문제점으로 상정했다. 그런 다음 예방대책을 마련했다. 이순신 장군은 인근의 어선들에게도 출동 명령을 내렸다. 민간 어선 100여 척을 조선 수군의 배후에 배치한 것이다. 적에게 아군의 수가 많다는 위장전술이기도 하지만, 그것은 일종의 배수진이었다. 배후의 어선 때문에 조선 수군이 도망갈 수 없게 만든 것이다. 또 조선 수군이 무너지면 저 바다 위의 민간인도 모두 피해를 입게 된다는 점을 수군들에게 강조한 것이기도 하다.

"전 함대, 총통을 준비하라. 방포하라. 불화살을 쏴라." 이순신 장군은 계속 명령을 내리고, 대장선의 수군들은 일사불란하게 명령을 수행했다. 그러나 문제가 생기고 만다. 이순신 장군이 옆을 돌아본 순간 나머지 조선 함대들이 주춤주춤 물러나고 있는 모습이 보였다. 좁은 명량 해협의 조류 위에서 오로지 이순신 장군의 대장선 한 척만이 두 시간 가까이 싸우고 있었다. "안위야, 네가 도망가면 어디로 갈 것이냐? 군법으로 내 손에 죽으려 하느냐? 적과 싸우다 죽으려 하느냐?" 이순신 장군의 호통에 거제 현령 안위의 배가 적진으로 돌진했다. 그 때였다. 뒤처져 있던 조선의 함대가 자기도 모르게 적선을 향해 다가가는 것이 아닌가? 노를 젓지 않는 데도 배들이 이순신 장군과 안위가 싸우고 있는 명량 해협의 한 가운데로 천천히 움직였다. 그것은 기적의 시작이었다. 조류의 방향이 바뀌기 시작한 것이다. 일본군에게 순류이던 물살이 갑자기 거꾸로 바뀌면서 역류가 되었다. 조선 수군에게 유리한 상황으로 바뀐 것이다.

마침내 긴 시간이 흐르고 모든 것이 끝났다. 그러나 그것은 기적이 아니었다. 이순신 장군은 조류의 방향이 바뀌는 시간까지 고려했다. 홀로 고군분투하며 시간을 벌면, 조류의 방향이 바뀌어 전투를 할 수밖에 없다는 것을 계산에 넣은 것이다. 예방대책을 마련했지만 실제로 조선 수군이 겁을 집어 먹고 뒷걸음칠 것이라는 점도 사전에 생각했다. 이것이 '발생 시 대책'이다. 한 사람의 치밀한 사고가 나라를 구해냈다.

이와 같이 실행 시 예상되는 문제점을 찾아내어 예방대책과 발생 시 대책을 마련한다. 그리고 기획서를 작성할 때는 이 세 가지를 묶어서 '리스크 대책'으로 표현하면 된다.

스케줄을 설정하고 리스크 대책을 마련한 뒤에는 시너지 플랜(Synergy Plan)을 수립한다. 시너지 플랜은 조직화 계획이다. 조직화 계획은 액티비티 별로 담당자를 명기하는 것이다. 담당자를 명기하지 않는 것은 일을 안 하겠다는 이야기나 마찬가지다. 담당자를 명기할 때는 주와 보로 나누어서 명기한다. "주 역할은 OOO이 담당하고 없을 때는 OOO이 한다." 담당자가 없다고 일이 안 돌아가면 그건 조직이 아니다. 일하는 시스템이 잘못되어 있는 것이다.

시너지 플랜을 마련했다면, 이제 예산을 편성해서 집행계획을 수립하면 된다. 예산을 수립할 때 가장 중요한 것이 산출근거다. '왜 예산을 이렇게 쓸 수밖에 없는지' 그 근거가 명확해야 한다. 이 때, 컨틴전시 플랜에 따른 예산도 미리 확보해야 한다. 그래야 돌발사태가 생기더라도 바로 대응할 수 있다. 미리 확보하지 못 하면 돌발사태가 벌어졌을 때 다시 결재를 받아야 한다. 그랬다가는 사태가 걷잡을 수 없이 커질지도 모른다.

마지막으로 자금 조달 방법까지 명기해 놓으면 사장이 할 일이 없어진다. 사인만 하면 된다. 상암 새천년 신도시 개발계획도 "서울시 예산으로 얼마, 중앙정부 지원으로 얼마, 민자유치는 어떻게 하겠다."라는 자금 조달 계획이 나오지 않는가? 이와 같이 실행계획은 스케줄, 컨틴전시 플랜, 시너지 플랜, 예산 편성과 집행계획으로 이루어져 있다.

> 오른손잡이가 무의식 중에
> 왼손으로 식사를 하려면
> 피나는 연습이 필요하다

　지금까지 문제해결형 기획의 전체 프로세스를 살펴봤다. 여기서 그 과정을 다시 한 번 정리해 보자.
　첫 번째는 '기획의 방향 결정' 이다. 변화가 있는 곳에 문제가 발생하고 새로운 기회가 열린다고 했다. 변화를 통해 기획의 출생을 증명하고 목적을 명확화 한다. 목적은 일의 '존재의 이유' 다. 이 일이 현 시점에서 왜 존재해야만 하는지를 명확히 밝혀야 한다. 목적을 명확화 할 때는 구체적이고 현실적으로 해야 한다. 이를 위해 반드시 알아야 하는 사고방식이 목적지향적 사고다. 일을 하기 전에는 네 가지 질문을 반복해서 던진다. 'Why? For What? So What? But For?' 그런 뒤에는 목적과 범위로 기획의 타이틀을 잡는다. 자신이 무엇을 위해 어떠한 기획서를 만들려고 하는지에 대한 답이 기획의 타이틀이다. 따라서 타이틀은 '~을 위한 ~(안)' 의 형태로 잡는다. 타이틀은 짧을수록 좋다. 짧게 잡으려면 목적과 범위를 결합시키면 된다.

두 번째는 '기획 니즈 분석' 이다. 니즈 분석은 기획의 논리적인 근거를 마련하기 위해 하는 것인데, 배경분석과 현상분석으로 이루어져 있다. 배경분석은 기획의 대전제가 되는 환경변화에 관한 부분을 분석하는 것이고, 현상분석은 기획 본제와 관련된 팩트들을 파악하여 소전제를 구축하는 것이다. 배경분석과 현상분석을 할 때는 가급적 피라미드 구조로 하는 것이 좋다. 피라미드 구조를 만들 때, 가로의 법칙은 중복과 누락을 방지하는 'MECE' 이고, 세로의 법칙은 논리의 비약을 방지하는 'So What/Why So' 다. 배경분석과 현상분석 그리고 기획과제는 연역과 귀납으로 완벽한 상호보완체계를 만들어야 한다. 3이라는 숫자의 중요성도 잊지 말자.

세 번째는 '기획과제의 명확화' 다. 현상으로부터 목표를 개발하고, 목표와 현상 간의 차이를 도출하여 기획과제를 명확화 한다. 이 때 "이러한 목적 하에서 이러한 목표를 달성하면 이러한 기대효과도 볼 수 있다." 라는 식으로 기대효과를 도출한다. 그리고 기획의 전체적인 논리적 스토리를 대략 잡아 본다. 여기까지가 클라이언트 블록이다.

네 번째는 '컨셉 개발' 이다. 이 단계부터 기획자의 의도가 투영되기 시작한다. 컨셉은 현상분석을 통해 명확화 한 과제에 대하여 그 해결 방법을 한 마디로 표현한 것이다. 컨셉을 개발할 때는 '나의 생각과 현실인식' 이 결여되어서는 안 된다. 컨셉의 접착제 역할과 꼬치구이 역할도 잊어서는 안 된다. 컨셉 하에서 서브 컨셉을 개발하고 앞에 제시한 체크리스트로 확인한다. 그리고 AIDMA의 관점에서 컨셉을 세련되게 표현한다. 이 부분이 컨셉 블록이다.

다섯 번째는 '구상 및 실행계획'이다. 구상이란 기획과제를 해결하기 위해 컨셉 하에서 구체적인 해결책을 찾는 것이다. 해결책의 아이디어는 원인, 장애요인, 기회요인을 공략해서 찾아내야 하는데, 이 때 정보관리 매트릭스와 브레인스토밍을 활용한다. 해결책을 액티비티 단위로 찾은 뒤에는 실행계획을 수립하면 된다. 실행계획은 간트 차트나 퍼트 차트를 이용한 스케줄, 실행 시 예상되는 문제점에 대한 예방대책과 발생 시 대책을 마련하는 컨틴전시 플랜과 시너지 플랜, 예산 편성과 집행계획으로 이루어져 있다. 이 부분이 플래너 블록이다.

"끝없이 노력하고, 끝없이 인내하고, 끝없이 겸손하자."

가수 '비'의 좌우명이다. 나는 음치다. 그래서 가수들은 타고나는 줄 알았다. 그런데 TV의 서바이벌 오디션 같은 프로그램을 보면서 '역시 노력 없이 되는 건 없구나.' 하고 생각하게 된다. 재능이 있어도 노력 없이 되는 건 아무것도 없다. 가수 '비'는 노래와 춤 연습을 오른손잡이가 왼손으로 식사하는 연습에 비유했다.

"한 곡의 노래와 춤을 완벽히 익히기 위해서는 끊임없는 연습이 필요하다. 무대에 서는 3분 동안 나 자신의 능력을 150%, 200% 발휘하며 무대를 압도해야 하는데, 웬만한 노력으로는 그렇게 되기가 쉽지 않다. 오른손잡이가 왼손으로 밥을 먹고 싶다면 연습을 해야 한다. 하지만 꽤 많이 연습한 사람도 식탁에 앉으면 자기도 모르게 오른손이 나와 수저를 잡게 된다. 정말 피나는 연습을 해서 몸에 완전히 익숙해져야만 자연스럽게 무의식적으로 왼손이 나와 수저를 잡게 된다."

정말 멋지고 아름다운 청년이다. 몸에 완전히 익숙해지려면 꽤 많은 연습이 아니라 피나는 연습을 해야 한다. 기획도 마찬가지다. 이 세상에 공짜는 없다.

3

가설검증형 기획의
프로세스와 방법론

눈앞이 캄캄했다. 도대체 이 일을 어떻게 풀어야 하지? 상사로부터 지시를 받았는데 어디서부터 손을 대야 할지 막막했다. 며칠 동안 이 자료 저 자료 뒤지다 보니 머릿속에 이 생각 저 생각은 떠오른다. 그래도 손을 댈 수가 없었다. '내가 이렇게 무능력하단 말인가?' 자괴감만 들었다. 어떻게 해야 하는지 선배들한테 물어도 돌아오는 소리는 "일단 한 번 해봐." 뿐이었다.

일을 맡긴 했지만 어디서부터 시작해서 어떻게 풀어야 할지 막막할 때가 있다. 이런 경우에는 일의 시작 단계에서 문제의 전체상을 그려낼 수 있는 힘이 필요하다. 문제의 전체상을 파악하여 짧은 시간에 결론을 도출하고 최적의 의사결정을 내리는 능력이 바로 가설검증력이다.

제3부에서는 가설검증형 기획의 프로세스와 방법론을 다룬다. 처음 접하는 일이나 일의 레벨이 조금만 높아지면 당황하는 사람들이 있다. 이 프로세스만 제대로 익히면 일을 보는 새로운 눈이 뜨이기 시작할 것이다.

가설은
현 시점에서의
결론이다

"접근전은 허락하지 않는다. 적이 도망가더라도 절대 상륙하지 마라."

"적의 수급을 취하지 마라. 적의 배를 격파하는 자의 전공을 높이 살 것이다."

이순신 장군이 임진왜란의 첫 전투인 옥포해전을 앞두고 작전회의에서 내린 명령이다. 다른 장수들의 반대에도 불구하고 이순신 장군이 그런 명령을 내린 이유는 무엇일까? 그 당시만 해도 전쟁에서 적의 수급을 베는 것이 무척 중요했다. 그것이 승리의 상징이고 논공행상의 기준이기 때문이다. 그러기 위해서는 적선에 조선 수군의 전선을 접근시키고, 적이 후퇴할 경우 끝까지 추격해서 적의 목을 베어야 한다. 첫 전투의 승리를 위해 이순신 장군이 선택한 것은 '원거리 포격전'이었다. 왜 이순신 장군은 그동안의 전투 양상과 전혀 다른 원거리 포격전을 선택했을까?

이순신 장군은 전란이 발발했다는 소식을 듣고도 20일이 넘도록 출전하지 않았다. 경상우수사 원균이 몇 번이나 지원을 요청 했지만, 여수의 전라좌수영에 그대로 머물고 있었다. 이유가 무엇일까? 첫 전투의 승리가 필요했기 때문이다. 임진왜란이 발발한 지 20여 일 만에 일본군 선봉 15만이 한양을 함락하였다. 동래부사 송상현, 부산진첨사 정발, 충주의 신립 장군. 육전에서의 참담한 패배 소식이 줄을 이었다. 일본군은 순식간에 조선을 도륙했다.

'첫 전투를 승리로 이끌 수만 있다면······.'

자신감은 성공경험에서 나온다. 첫판을 승리한 자는 자신감이 팽배해져 다음 전투에서도 전력을 다한다. 이긴 자는 승자의 기쁨뿐만 아니라 패자의 처절함까지도 맛볼 수 있다.

전라좌수영에 머물던 이순신 장군은 다른 지역에서 있었던 전투를 바탕으로 일본군의 전력을 탐색했다. 적을 모르고서야 어떻게 승리할 수 있겠는가? 적의 전력은 어떠한지, 어떤 전술을 구사하는지, 어떤 무기를 쓰는지 분석했다.

출전을 결심한 이순신 장군은 옥포에 적이 있다는 첩보를 입수한다. 전라좌수군과 경상우수군 연합함대를 결성한 이순신 장군은 곧바로 작전회의를 시작한다. 그런 다음 그 동안 수집한 정보, 즉 팩트들을 확인한다.

① 옥포만은 넓고 매우 깊다.

② 판옥선의 속도는 적의 전선보다 느리다.

③ 적의 무기는 조총과 활 그리고 일본도이다.

④ 조선 수군의 판옥선에는 총통이 있다.

⑤ 조선의 총통은 유효사거리가 500보 이상이다.

⑥ 적의 조총은 유효사거리가 100보 내외다.

⑦ 총통에 넣어 쏘는 무기들로는 대장군전, 차대장군전, 단석(둥근 돌덩이)이 있다.

⑧ 대장군전은 날아가서 폭발하는 것이 아니라, 엄청난 무게로 배에 치명상을 입힌다.

⑨ 적은 백 년이 넘는 전쟁을 통해 칼싸움에 능하다.

이러한 팩트들을 확인한 이순신 장군은 '통찰의 So What/Why So'를 실시하며 결론에 도달한다.

옥포만은 넓고 깊으니까 바다 쪽에서 진격하면 적에게 쉽게 노출될 것이다. 또 판옥선은 적선보다 느리기 때문에 기습전이 불가능하다. ①과 ②를 So What 해서 '쉽게 노출되므로 기습전은 불가능하다.'라고 생각한다. 적의 무기는 조총과 일본도이고, 칼싸움에 능하다. ③과 ⑨를 통해 '접근전은 불리하다.'는 것을 알아낸다. 조총은 인명 살상용이지만, 조선 수군의 총통은 목재로 된 일본군 전선을 파괴할 만한 위력이 있다. ④⑤⑥⑦⑧을 통해 '적의 수급을 베기보다 적선을 파괴해야 한다.'는 점을 추론한다. 그런 다음 '기습전은 불가능하다.' '접근전은 불리하다.' '적의 수급을 베기보다 적선을 파괴해야 한다.'라는 세 가지 생각으로부터 다시 So What 하여 원거리 포격전이라면 승산이 있다는 결론을 도출한다. 이순신 장군이 내린 결론은 '원거리 포격전'이다. 옥포해전을 앞두고 현재 가지

• 〈그림 22〉 이순신 장군의 통찰의 So What/Why So •

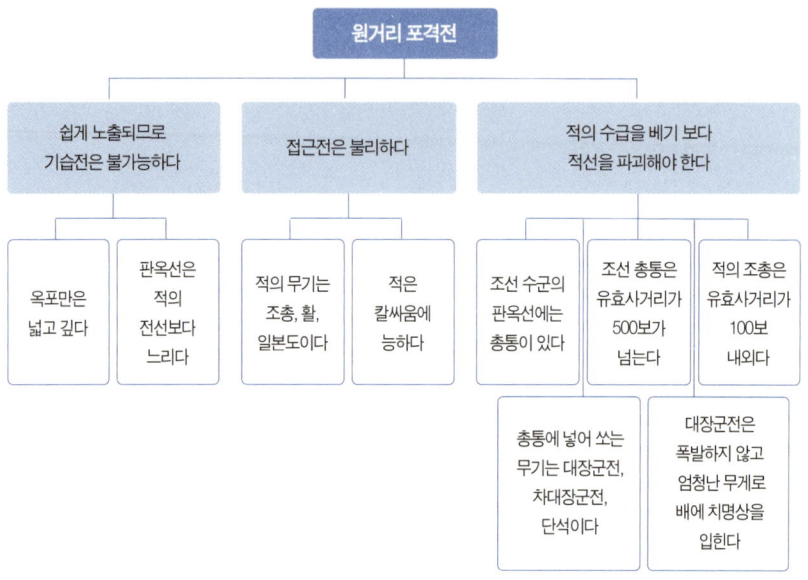

고 있는 정보만으로 결론을 내린 것이다. 이순신 장군이 내린 결론이 맞았는지 틀렸는지는 전투를 해보면 알 수 있다. 이것이 가설이다. 가설이란 현시점에서의 결론이다. 그러면 가설이 무엇인지 자세히 알아보자.

가설의 사전적 정의는 '실제로는 타당성이 증명되지 않았으나 여러 경험적 사실들을 통일적으로 설명하기 위해 임시로 세운 이론'이다. '경험적 사실들을'이라는 말과 '임시로 세운 것'이라는 말에 주목하자. 가설이란 말은 주로 학자들이 사용하고 있어서 일반인들에게는 다소 낯설고 어렵게 느껴진다. 그러나 알고 보면 일상생활에서 우리는 수없이 많은 가설들을 세우면서 살아간다.

영종도에 가끔 가는 칼국수 집이 있다. 예약도 안 받고 주말에 가면 한 시간 정도 기다리는 일이 다반사다. '비 오는 날에는 모두 외출하기를 꺼리기 때문에 그 칼국수 집에 손님이 적을 것이다.' 라는 가설을 세우고 가족끼리 외식을 하러 간다. 실제 그 칼국수 집에 손님이 적으면 자기가 세운 가설이 맞았다고 생각한다. 이러한 경험을 통해 다음에도 '비 오는 날에는 그 칼국수 집에 손님이 적다.' 라고 생각하고 행동을 할 것이다. 반대로 실제로 가보니 의외로 그 칼국수 집에 손님이 많은 경우도 있을 것이다. 이럴 경우에는 자신이 세운 가설이 틀렸다고 생각한다. '모두들 나랑 똑같은 생각을 하고 있구나.' 하며 '비 오는 날에도 그 칼국수 집은 붐빈다.' 라고 생각하거나 '비와 칼국수 집 손님 수와는 아무런 관계가 없다.' 라는 생각을 갖게 된다. 이것이 바로 가설사고다.

가장 대표적인 가설이 결혼이다. 사람들은 '이 사람이라면 평생을 함께 할 수 있겠다.' 라는 가설을 세우고 결혼을 한다. 투표도 마찬가지다. '저 정치인이 대통령이 되면 우리가 잘 먹고 잘 살 수 있겠구나.' 하는 생각을 가지고 투표장에 간다. 이처럼 우리들은 일상생활에서부터 정치 문제에 이르기까지 늘 가설사고를 하며 살고 있다.

가설을 이용하는 사고 방법은 비즈니스맨에게 매우 강력한 무기가 된다. 그럼 여기서 '비즈니스에서의 가설이란 무엇인가?' 에 대해 정의부터 내려 보자. 비즈니스 가설이란 '해결해야 할 문제 혹은 개발 가능성이 있는 기회에 대한 잠정적 결론' 이다. 한 마디로 정의하면 '현 시점에서의 결론' 이다. 비즈니스는 불확실한 미래에 대한 답을 찾아가는 것이다. 오늘날과 같이 시시각각 변화하는 환경에서는 아무것도 실행하지 않는 것만큼

위험한 일도 없다. 최적의 의사결정을 하겠다고 언제까지나 정보수집만 하고 있을 수도 없다. 한정된 시간 내에 제한된 정보로 최적의 의사결정을 이끌어내는 것이 비즈니스다. 이를 위해 현 시점에서 주어진 정보를 바탕으로 결론을 내리고, 실행에 옮겨 검증해 보고, 수정하면서 미래로 나아가야 한다. 이것이 가설사고다.

가설검증력은 비즈니스맨의 가장 강력한 무기다

"지난해 우리 병원이 적자일 정도로 현 의료보험수가 체계에서는 병원 경영이 힘들다."

적자라고 하는데 어느 병원일까? 몇 년 전 삼성서울병원의 이야기다. 삼성서울병원은 그 이후 전 방위적인 경영혁신을 단행했다. 삼성서울병원 이종철 원장은 "경영혁신이 병원의 서비스 경쟁력과 수익성을 크게 높여주는 만큼 다른 병원에도 혁신 바람이 번질 것"이라고 말했다. 전에는 환자가 오면 내과에서 검진을 받고, 방사선과에 가서 X-선 촬영을 하고, 다시 따로 날짜를 잡아 외과의사를 만나서 수술을 상담하는 식이었다. 그러나 경영혁신을 통해 '서비스라인' 제도를 도입하고 진료방식을 대폭 개선했다. 이 제도는 환자가 한 곳에 머물러 있고, 내과·방사선과·외과 의사 등으로 이루어진 진료팀이 환자를 찾아오는 방식이다. 의사 편의 위주에서 환자 중심으로 전환한 것이다. 이로 인해 심장병 환자의 경우, 초진에서 수술까지 걸리는 기간을 3주에서 8일로 대폭 줄였다. 의사 편의 위주에서 환자 중심으로 전환하기가 쉽지는 않았을 것이다. 특히 의사들을 설득하는 것이 어려웠을 것으로 보인다. 경영혁신을 위해 병원으로서는 드물게 세계적인 경영 자문회사인 보스턴컨설팅으로부터 종합경영진단을 받은 후에 취해진 조치였다.

컨설턴트들은 기업으로부터 의뢰를 받으면 주어진 정보를 바탕으로 가설부터 세운다. '환자의 입원기간이 길어지면 병원의 수익성이 좋아질까 나빠질까? 환자들의 입원기간을 늘리는 것보다 진료와 치료기간을 단축하는 쪽이 환자들에게도 좋고 병원 수익에도 도움이 되지 않을까?' 이러한 의문으로부터 '입원기간이 길어지면 병원의 수익성이 나빠진다.' 라는 가설을 세웠을 것이다.

가설을 세웠으면 그 다음은 무엇인가? 검증이다. 무엇으로 검증해야 하는가? 누구나 입증할 수 있고 반증 가능한 팩트다. 컨설턴트들은 환자의 입원일수를 X축에 놓고, 병원의 수익을 Y축에 놓은 뒤에 데이터를 입력했을 것이다. '입원 기간이 길어지면 병원의 수익성이 나빠진다.' 라는 가설을 팩트로 입증한 것이다. 이것이 가설검증이다. 이렇게 팩트로 입증하지 않았다면 오랜 세월 동안 유지되어 오던 의사 편의 위주의 진료체계를 바꾸는 일이 불가능했을 지도 모른다.

그 결과 환자가 오래 입원할수록 병원의 수익이 떨어진다는 점을 파악하여 입원기간을 최소화했다. 병원 측은 "의료보험 수가체계상 초진이 재진보다 이익이 많아 서비스라인 제도가 병원경영에 큰 보탬이 된다."고 말했다. 가능하면 피부를 절개하지 않고 내시경을 넣어 수술하는 등 회복기간이 짧은 수술방법을 택한 것도 한 방법이다. 이후 다른 대형병원들의 평균 입원기간이 10일인데 비해 삼성서울병원은 7.2일로 짧아졌다. 기업의 고객만족경영을 본받아 진료체계를 환자 중심으로 바꾸고, 수익성을 높이기 위해 입원기간도 가능한 줄이고 있는 것이다.

상사들을 설득하는 것은 쉽지 않다. 그들을 설득할 수 있는 유일한 방법은 팩트로 입증하는 것뿐이다. 그래서 비즈니스맨은 가설검증력을 갖추어야 한다. 가설검증이 직업인 사람들이 있다. 판사, 검사, 변호사, 교수, 박사, 증권 애널리스트, 파트너 급의 컨설턴트가 바로 그들이다.

가장 대표적인 것이 의사다. 의사는 진료를 할 때 가설을 구축한 뒤에 구체적인 작업을 진행한다. 배가 아픈 환자가 오면 팩트부터 수집한다. 제일 먼저 문진을 한다. "어디가 어떻게 아프세요?" "평소에 잘 안 드시던 거 드신 적 있나요?" 촉진과 청진을 통해서도 팩트들을 수집한다. 그런 다음 현재 자신에게 주어진 정보로 '이 환자는 이것 때문에 여기가 아플 것이다.'라고 가설을 세운다. 그런 가설 하에 "X레이를 찍어보자." "초음파 검사를 해보자."라는 주문이 나오는 것이다. 이처럼 의사는 먼저 가설을 세우고 이를 토대로 검사하고 처방을 한다. 왜 그럴까? 가설을 구축하고 작업을 진행하는 것이 문제를 보다 신속하게 해결할 수 있고, 질적으로 더 좋은 해답에 도달할 수 있기 때문이다. 만일 환자가 올 때마다 일일이 모든 검사를 실시하고 나서 치료를 한다면, 너무 긴 시간이 걸려서 오히려 병이 악화되는 일도 생길 것이다. 가설을 세우는 일은 업무를 효과적이고 효율적으로 추진하기 위한 강력한 무기라는 점을 잊지 말자.

가설검증이 직업인 사람들과 일반 회사에 입사한 사람들을 비교해보자. 사회초년병 시절에 누가 더 사회적으로 대접 받고 인정받는가? 가설검증이 직업인 사람들이다. 그러나 비즈니스맨들도 가설검증력을 갖추면 이야기가 달라진다.

가설검증을 잘 하려면 무엇보다 가설을 구축하는 능력이 뛰어나야 한다. 이러한 사람들이 기업의 오너나 CEO들이다. 특히 70~80년대의 CEO들은 꽤 오랜 기간 사장직을 유지했다. 대기업 같은 경우에는 한 회사의 사장을 하다가 다른 회사의 사장으로 옮기는 일이 비일비재했다. 그렇게 오랜 기간 동안 사장직을 유지할 수 있었던 비결은 무엇일까? 경험을 통해 가설을 구축하고 검증하는 능력이 몸에 배어 있었기 때문이다.

그 당시 CEO들이 입사한 시절에는 회사의 규모가 그리 크지 않았다. 그들은 기업을 키우기 위해 이 사업 저 사업을 벌이면서 경험을 쌓고 가설검증력을 키울 수 있었다. '이런 사업을 이렇게 하면 돈을 벌 것이다.' 라는 가설을 세워 사업을 추진하고, 실행을 통해 검증을 받았다. 회사가 성장하는 과정에 하는 일이 가설을 구축하고 검증하는 일이었다.

지금의 비즈니스맨은 어떠한가? 예전에 부·과체제 하에서는 과장만 되어도 어느 정도 의사결정을 하고 판단할 수 있었다. 하지만 지금은 십 수 년이 걸려야 비로소 팀장이 되고 의사결정을 할 수 있다. 또 지금의 비즈니스맨들은 회사에 입사해서 일을 하더라도 선배들이 만들어 놓은 시스템 하에서 움직인다. 심지어 왜 그 일을 해야 하는지 모르는 채, 반복적으로 일을 하기도 한다. 지난해의 보고서를 올해의 날짜로 바꾼다. 조금 수정해서 담당자를 자기 이름으로 바꾸어 보고한다. "한 칸 이리 옮겨." "여기에

다 박스 좀 쳐라." 이런 피드백을 받으면서 일을 한다. 그러다 보니 가설검증력을 갖추기는커녕 일을 제대로 배우기도 힘들다. 의사는 인턴, 레지던트 과정을 거치며 전문의들로부터 가설을 구축하고 검증하는 능력을 배운다. 지금의 비즈니스맨들도 상사를 잘 만나면 가설을 검증하며 일을 풀어나가는 방법을 배울 수 있다. 그런데 그런 상사를 만나기가 쉽지 않다. 어찌 보면 나는 행운아였다.

가설검증 방법은
실험·토론·분석
3가지다

　가설을 세웠으면 검증을 해야 한다. 가설은 검증을 통해 진화하기 때문이다. 가설을 검증하는 여러 가지 방법이 있지만, 비즈니스에서는 주로 세 가지 방법을 쓴다. 첫째는 실험을 통한 검증이고, 둘째는 토론을 통한 검증, 마지막은 분석을 통한 검증이다. 세 가지로 나누어 설명하지만 이러한 방법들을 개별적으로 사용하는 것은 아니다. 한꺼번에 사용한다고 해야 맞을 것이다.

　첫 번째는 실험을 통해 검증하는 방법이다. 가설을 현장에서 실험하는 방법은 결과를 가장 확실하고 알기 쉽게 얻을 수 있는 방법이다. 초코파이가 중국에 처음 진출할 때의 이야기다. 사람들이 다니는 길거리에 시식코너를 만들었다. 중국인들에게 생소한 초코파이의 맛을 알리기 위해서였다. 그러나 아무도 와서 맛을 보지 않았다. "설마 공짜겠어. 저걸 먹으면 분명 대가를 요구할 거야." 이 세상에 공짜는 없다는 중국인들의 오랜 인식 때문이었다. 고민 끝에 한 직원이 아이디어를 냈다. "초코파이 빈 봉지를 시식코너 주변에 뿌려두면, 사람들이 경계심을 갖지 않고 와서 맛을 볼 것이다." 바로 다음 날 현장에서 실험을 했다. 대박이었다. 지금은 초코파이가 중국인들뿐만 아니라 전 세계인의 입맛을 사로잡고 있다. 직접 해보는 것보다 더 좋은 건 없다.

 2011년 9월 15일자 〈한국경제신문〉에 이런 기사가 실렸다. 일본에서 세븐일레븐을 처음 도입할 때 출점 전략을 놓고 이견이 벌어졌다고 한다. 대부분의 임원들은 점포 간 거리를 넓게 둬야 한다고 주장했다. 그래야 상권이 겹치는 현상을 피할 수 있다는 상식적인 근거에서였다. 그러나 이 브랜드를 수입하는 데 앞장선 스즈키 도시후미 전무는 반대했다. 특정 지역에 집중적으로 점포를 내자고 했다. 배송 거리가 500m일 때 배송시스템의 효율성이 가장 높아진다는 근거를 들었다. 그래야 하루 3번 배송해서 제품의 신선도를 유지할 수 있다고 강조했다. 이를 통해 미니슈퍼들과 차별화하자는 것이었다.

 당시로서는 상식 밖의 출점 전략이었지만 회사는 결국 스즈키 전무의 의견을 채택했다. 특정 지역의 실험을 거쳐 세븐일레븐은 현재 세계 최대의 편의점으로 성장했다. 미국 본사의 지분도 100% 인수했다. 그 후 회장이 된 스즈키는 "모두가 찬성하는 아이디어는 대개 실패한다."라며 기존의 고정관념을 뒤엎고 강력하게 일을 추진해야 한다고 강조했다.

 실험을 통한 방법으로 '테스트 마케팅'이 있다. 테스트 마케팅이란 전체 시장에 발매할 때와 동일한 조건 하에, 한정된 시장을 대상으로 실험적으로 발매하는 것을 말한다. 전국적으로 전개하면 많은 비용이 들기 때문에 특정 지역에서 시제품 형식으로 테스트해 보는 것이다. 최근에는 블라인드 테스트를 많이 하는 것 같다. 상표나 제품 실물을 노출하지 않은 채 오직 제품을 사용해 본 느낌과 제품이 가진 효과만으로 비교 검증하는 방법이다. 브랜드 인지도에 대한 선입견을 배제한 채 진행되는 블라인드 테스트는 순수하게 제품의 품질만을 검증하고자 하는 비교체험 마케팅이다. 객관적인 실험결과를 얻을 수 있고, 좋은 결과를 통해 소비자들에게 제품의 신뢰도를 높일 수 있어 호응을 얻고 있는 방법이다. 주로 음료나 주류업계에서 사용하던 방법이지만, 요즘은 IT업계에서도 많이 사용한다. 예를 들어 LG디스플레이는 자사 스마트폰 디스플레이의 해상도, 선명도, 소비전력을 경쟁사와 비교 분석하는 실험을 실시하여, 참가자들로부터 높은 호응을 이끌어내는 데 성공하기도 했다.

두 번째는 토론을 통해 검증하는 방법이다. 자신만의 생각이나 착각에 빠지지 않도록 동료나 해당 분야의 전문가와 토론하여 자신이 세운 가설을 발전시키는 방법이다. 토론을 통해 자신의 가설을 발전시키고 완성하는 데에는 개그맨들이 천재적인 것 같다.

"오징어 튀김 더 없어요?"
"그거 하나밖에 없는데요."
"이거 오빠가 먹어."
"아냐, 너 먹어."
"그래."

개그맨 신보라가 오징어 튀김을 입에 넣으려는 순간,
"나, 한 입만 먹을게."
살짝 깨물고 입을 떼는 순간, 튀김 안의 오징어가 모두 쑥 빠진다.

개그콘서트의 '생활의 발견' 코너에 나오는 장면이다. 개그맨들은 우리 주변에서 벌어지는 사소한 일을 관찰하는 능력이 정말 뛰어난 것 같다. 생활 속의 팩트들을 바탕으로 통찰의 So What/Why So 과정을 거치며 자신의 가설을 발전시켜 간다. "이러한 말이나 행동을 하면 시청자들이 이렇게 반응할 것이다. 그리고 이렇게 반전을 시키자." 가설을 세운 뒤에는 자신만의 착각에 빠지지 않기 위해 동료들과 토론을 통해 가설을 완성한다. 그리고 무대에 서는 것이다. 토론은 가설을 검증하는 것뿐만 아니라, 가설을 구축하고 발전시키는 데에도 매우 훌륭한 방법이다.

"창고 선적원을 한 명 더 고용할 필요가 있을 것 같아."
"왜 더 고용해야 하는데?"
"선적원들의 업무 효율이 떨어져."
"업무 효율이 떨어진다는 게 무슨 이야기지?"
"계획한 선적량의 20%가 제 시간을 못 맞추고 자꾸 늦어져."
"왜 20%가 늦어지지?"
"일을 제대로 해내지 못하는 선적원이 많은 것 같아."
"왜 일을 제대로 못하는 것 같은데?"
"베테랑 선적원들의 노하우를 신입 선적원들이 공유하지 못하고, 선적원들

사이에 정보교류가 제대로 이루어지지 않기 때문인 것 같아."

위의 대화를 보면 처음에 제시한 가설과 마지막 가설의 차이점을 알 수 있다. 이렇게 원인까지 파고든 가설이 좋은 것이다. 토론을 할 때는 "왜?"라는 질문을 계속 던지며 보다 더 좋은 가설로 발전시켜야 한다.

세 번째는 분석을 통해 검증하는 방법이다. 분석에는 '정량적 분석' 과 '정성적 분석' 이 있다. 정량적 분석은 숫자나 데이터를 사용하는 방법이다. 정성적 분석은 소비자의 의견, 판매점의 의견, 경영자의 생각과 같이 양으로 측정할 수 없는 것을 분석하는 방법이다.

원거리 포격전은 이순신 장군의 철저한 분석을 통해 나온 가설이다. 다큐멘터리 작가 윤영수가 쓴 《불패의 리더 이순신, 그는 어떻게 이겼을까?》를 보면 이순신 장군이 임진왜란 때 주로 사용한 전술은 거북선을 이용한 돌격전과 총통의 집중발사 그리고 당파였다고 한다.

당파전술은 배를 배로 들이받는 것이다. 이순신 장군은 두 번째 전투인 합포해전에서 당파전술을 처음으로 구사했다. 조선의 판옥선에 부딪힌 일본의 배는 선체가 그대로 무너져 내렸다. 옆구리에 구멍이 뚫리고 갑판이 주저앉았다. 판옥선이 한 번 들이받으면, 일본 전선은 옆으로 기울어지며 밑바닥이 바닥에 닿아 좌초했다.

당파전술은 철저한 분석을 통해 나온 것이다. 조선의 판옥선은 소나무로 만들어 매우 견고했다. 갑판의 판자도 두꺼웠고 배를 지탱하는 골격도 견고했다. 또 판옥선은 배 밑바닥이 평평한 평저선이다. 배의 밑바닥이 평평하여 수심이 비교적 얕은 곳에서도 항해가 가능했고, 방향을 바꾸는 데도 탁월했다. 반면 일본의 배는 얇은 삼나무 판자로 만들어졌다. 그래서 총통을 싣지 못했다. 총통을 발사할 때의 반동을 선체가 견디지 못했기 때문이다. 게다가 일본의 배는 밑바닥이 뾰족한 첨저형이다. 바닷물 속으로 깊이 잠기는 형태다. 정면으로 나아갈 때의 속도는 빠르지만, 방향 전환이 느리고 수심이 얕은 곳에서 좌초될 우려가 높았다. 전선의 구조와 성능을 분석한 결과 당파전술이 탄생했다.

세븐일레븐에서 일하는 아르바이트생들은 물건을 파는 일뿐만 아니라 고객의 니즈도 파악해야 한다. 세븐일레븐의 점원들은 스스로 일종의 가설을 세우고 검증을 해야 한다. 상품을 배정받으면, 그 상품이 다음 날 얼마나 팔릴지를 미리 예상해 주문해야 한다. 예상치와 판매량이 부합하는지 결과도 보고해야 한다. 물건을 팔 때는 계산대를 열기 전에 몇 가지 정보를 입력해야 한다. 구입 제품의 바코드를 입력하면서 고객의 나이 대와 성별 등도 함께 입력한다. 누가, 무엇을, 언제, 어디서 구매하는지를 파악해 고객의 구매성향을 분석하는 것이다. 스즈키 회장은 "우리의 경쟁 상대는 경쟁 회사가 아니라 시시각각 변화하는 고객의 니즈"라며 현재에 안주하지 않고 끊임없이 고객의 심리를 연구하는 '성공 기억 상실증'에 걸려야 한다고 강조했다.

시시각각으로 변화하는 고객의 니즈를 발견하고, 정확한 분석을 통해 빠른 성장을 이루어낸 기업 중 하나가 '카페베네'다. 프리미엄 커피 시장에 뒤늦게 뛰어들었음에도 불구하고 스타벅스를 제치고 업계 선두를 달리고 있다. 카페베네는 브랜드를 출범하기 전에 철저한 시장분석을 통해 변화하는 고객의 니즈를 정확히 파악했다. 우선 커피에 한국적 DNA를 입혔다. 미국과 유럽 사람들은 커피전문점에 대해 '조용히 커피를 마시는 곳'으로 생각했다. 그러나 한국인은 커피전문점을 '나눔과 소통의 장소'로 인식한다고 분석했다. 친구들과 수다를 떠는 곳, 연인과 달콤한 와플을 먹으며 사랑을 나누는 곳, 책을 읽거나 음악을 듣고, 노트북이나 스마트폰을 만지작거리며 나만의 시간을 보낼 수 있는 곳을 원한다고 파악했다. 카페베네는 변화하는 소비자의 니즈를 감지하고 메뉴와 인테리어 등 매장의 컨셉을 기존 커피전문점과 완전히 차별화했다. 오랜 시간 이야기를 나누며 커피를 마시는 한국인의 취향을 분석해 공간을 독립적으로 분할하고, 넓은 테이블과 푹신한 소파를 배치하고, 아늑한 조명을 설치하고, 노트북이나 태블릿 PC를 사용할 수 있도록 곳곳에 콘센트를 설치했다. 단순히 커피를 마시는 공간이 아니라 느긋하고 여유롭게 커피를 마시며 문화를 즐길 수 있는 공간으로 탄생시킨 것이다.

가설검증의 기본도구는 이슈트리다

지금부터는 기획의 프로세스에 입각해 가설검증을 설명할 것이다. 앞서 기획의 첫 번째 단계가 기획의 방향을 결정하는 것이라고 했다. 기획의 방향을 결정하기 위해 첫째, 변화를 포착해서 기획의 출생을 증명하고, 둘째, 목적을 명확화하고, 셋째, 기획의 타이틀을 정하는 단계를 거쳤다. 이와 같이 방향을 결정하고 나면 다음 단계로 나아가기 위한 선택의 기로에 서게 된다. 문제해결형 기획으로 갈 것인가, 아니면 가설검증형 기획의 수순을 밟을 것인가?

제2부에서 변화가 있는 곳에 문제가 발생하고 새로운 기회가 열린다고 했다. 기획을 할 때, 변화를 파악해서 문제가 생긴 것을 발견했다면 문제해결형 기획의 프로세스를 밟고, 새로운 기회를 찾는 것이라면 가설검증형 기획의 프로세스를 밟으면 된다고 했다. 그러나 이 기준이 언제나 똑같이

적용되는 것은 아니다. 새로운 기회를 찾을 때는 반드시 가설검증형 기획으로 가야 하지만, 문제가 발생했을 경우에는 문제해결형 기획뿐만 아니라 가설검증형 기획을 실시해야 하는 경우도 있다.

기획의 방향을 설정해서 타이틀을 잡고 나면 일반적으로 두 가지 상황에 처하게 된다. 하나는 현상과 배경에 관한 정보의 양이 많고, 그 정보의 질이 좋은 상황이다. 이 경우에는 바로 문제해결형 기획의 수순을 밟으면 된다. 그러나 방향을 설정하고 타이틀을 잡았지만 현상과 배경에 관한 정보가 부족할 경우에는 가설검증형 기획의 프로세스를 밟는 것이 바람직하다. 왜냐하면 현 시점에서의 결론, 즉 가설을 세워야 어떠한 정보를 수집해야 하는지 판단할 수 있고 일을 빨리 진행할 수 있기 때문이다.

가설검증형 기획을 실시할 때 쓰는 가장 기본적인 도구가 맥킨지&컴퍼니에서 사용하는 이슈트리(Issue Tree)다. 이슈트리에 대해 설명하기 전에 먼저 이슈가 무엇인지부터 정의 내려 보자.

이슈의 본원적 정의는 '사람들 사이에 화두가 되는 주요 논쟁점'이다. 우리는 평상시에 이슈라는 말을 이렇게 사용한다.

"요즘 이슈가 뭐야?"

"그거야 당연히 김정일의 갑작스런 죽음이지. 그리고 북한의 권력체계가 순조롭게 이양되느냐 하는 거 아니겠어."

이슈란 말을 이런 식으로 사용하면 술자리의 안주거리밖에 안 된다. 결국 아무 소득도 없이 논쟁만 하다 끝나 버린다. 시간만 죽이는 소득 없는 논쟁은 비즈니스맨에게 필요 없다. 그러면 이슈를 어떻게 정의해야 소득이 있을까? 비즈니스맨에게 있어서 이슈란 '문제 해결을 위해 확인해야 할 필요가 있는 대상이나 영역'이다.

이슈를 정리할 때 한 가지 주의해야 할 점이 있다. 반드시 의문문의 형식을 취해야 한다는 것이다.

'지금의 이슈는 고객 컴플레인 제거를 위해 불량딸기를 없애는 것이다.'

이 문장은 이슈로서는 그리 좋은 표현이 아니다. 이슈의 내용이 다소 분명하지 않다. 이보다는 다음과 같이 표현하는 게 좋다.

'고객 컴플레인 제거를 위해 어떻게 하면 불량딸기를 없앨 수 있을까?'

이와 같이 의문문으로 표현하면 지금 무엇에 대해 생각해야 하는지가 명확해 진다. 의문문 형식은 구체적으로 생각해야 할 것을 분명하게 해주기 때문에 이후의 생각을 풀어가기가 수월해진다.

자, 이번에는 이슈트리에 대해 알아보자. 이슈트리는 로직트리의 사촌동생이다. 로직트리는 어떤 주제나 과제를 작고 다룰 수 있는 과제들로 체계적으로 세분화하는 도구이다. 맥킨지&컴퍼니에서 이를 '가설을 입증하고 반증하기 위한 도구'로 변형한 것이 이슈트리다. 이슈트리는 가설을 입증하거나 반증하기 위해 물어봐야 할 이슈 즉, 일련의 질문을 MECE라는 사고방식에 따라 나무의 형태로 분해한 것이다. 이슈트리를 작성할 때의 가설은 크게 두 가지 종류가 있다.

첫째는 '이 부분에 문제가 있는 것은 아닌가?' 라는 원인의 가설이다. 앞에서 문제가 발생했을 경우에도 가설검증형 기획의 수순을 밟아야 할 때가 있다고 했다. 바로 이 경우에 원인의 가설 이슈트리를 작성하는 것이다. 둘째, 새로운 기회를 찾을 때는 '이렇게 하면 되지 않을까?' 라는 해결책의 가설을 사용한다.

먼저 원인의 가설부터 알아보자. 어떤 마트의 매장에서 판매되는 딸기가 시즌을 대표하는 상품인데도 불구하고, 흰 곰팡이가 발생하거나 눌려 멍이 든 상태로 판매되어 전 지역의 매장에서 고객 컴플레인이 동시 다발적으로 발생하고 있다. '고객 컴플레인 제거를 위해 어떻게 하면 불량딸기를 없앨 수 있을까?' 이것이 원인의 가설을 찾는 것이다. 담당자라면 다음과 같이 크게 세 가지 서브이슈로 나누어 원인의 가설을 세울 수 있을 것이다. '딸기 품종에 문제가 있지는 않을까?' '용기에 문제가 있지는 않을까?' '유통과정에서 변질되는 것은 아닐까?'

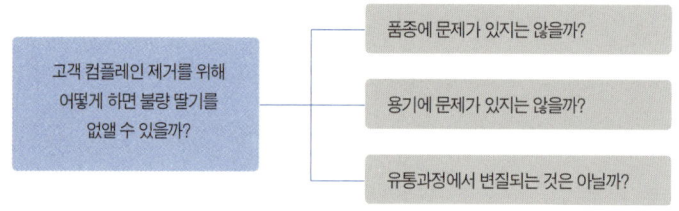

다음은 해결책의 가설에 대한 예를 들어보자. 이 사례는 2011년 12월 20일자 〈중앙일보〉의 기사를 바탕으로 가상으로 구성한 것이다. 요즘은 신용카드가 주민등록증처럼 지갑 속 필수품으로 자리 잡았다. 예전에는 단순한 결제수단에 불과하던 신용카드가 이제는 고객에게 다양한 혜택과 서비스를 제공하고 있다. 현재 시중에 나와 있는 신용카드의 종류만 해도 1,000여 가지나 된다.

한 카드사의 김대리는 고객들에게 어떠한 혜택을 줘야 자사 카드의 사용률을 높일 수 있을지에 관해 기획을 맡았다. 김대리는 '자사 카드의 사용률을 높이기 위해 고객에게 어떠한 혜택을 주어야 하는가?'를 이슈로 삼았다. 그리고 다음과 같이 세 가지 관점으로 이슈를 세분화시켰다. '주부들이 원하는 혜택은 무엇일까?' '2030세대가 원하는 혜택은 무엇일까?' '중년 직장인들이 원하는 혜택은 무엇일까?' 60대 이상은 카드 사용률이 높지 않아 제외했다.

그런데 김대리가 이슈에서 서브 이슈로 분해하는 과정에 뭔가 이상한 점이 있지 않은가? 이슈에서 '자사카드의 사용률을 높이기 위해 고객에게 어떠한 혜택을 주어야 하는가?'라는 질문은 회사가 주어였다. 그러나 서브 이슈의 'OO이 원하는 혜택은 무엇일까?'에서는 주어가 고객으로 바뀌었다. 왜 그렇게 했을까? 고객을 주어로 삼아야 고객의 관점에서 생각할 수 있기 때문이다. 회사가 주어일 때는 고객이 불만을 토로할 때 "지금 말씀하시는 것은 회사 규정에 어긋납니다." "저희 회사의 규칙입니다. 안됩니다."라는 식으로 응대할 수밖에 없게 된다. 고객의 관점에서 생각하려면 고객을 주어로 삼아야 한다.

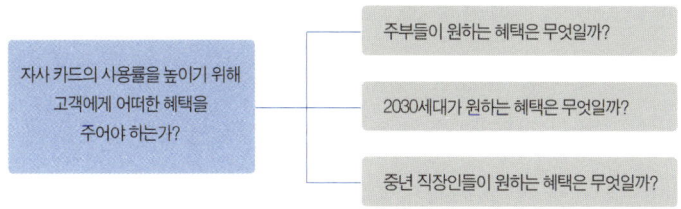

이슈트리의 가설은 이와 같이 원인의 가설과 해결책의 가설 두 가지가 있다. 그러면 지금부터 이슈트리를 작성하는 방법을 알아보자. 〈그림 23〉

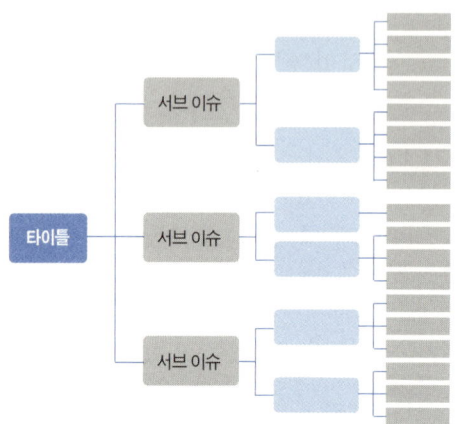

〈그림 23〉 이슈트리의 기본 구조

이 기본적인 이슈트리의 모양이다.

　첫 번째, 기획의 방향결정 과정을 거치며 타이틀을 잡으면, 그 타이틀을 이슈로 삼는다. 그것을 맨 좌측 박스에 의문문 형태로 기록한다. 타이틀은 목적과 범위로 잡아야 한다고 했다. 따라서 '○○을 위해 ○○을 하는가?'의 형태로 질문을 던진다. 불량딸기 사례에서도 '고객 컴플레인 제거를 위해 어떻게 하면 불량딸기를 없앨 수 있을까?' 라고 목적과 범위로 이슈화 하였다. 이러한 이유 때문에 카드 사례의 이슈에서는 고객이 아니라 회사를 주어로 삼았다. 이슈에서 고객을 주어로 삼으면 문장이 제대로 성립되지 않기 때문이다. 만일 '자사 카드의 사용률을 높이기 위해 고객은 어떠한 혜택을 원하는가?' 라고 잡으면 뜻이 통하지 않는 문장이 되고 만다. 일단은 목적을 명확화 하는 것이 중요하기 때문에 서브 이슈부터 고객을 주어로 삼은 것이다.

두 번째, '맨 좌측 박스의 이슈를 해결하기 위해 확인해야 할 필요가 있는 대상이나 영역이 무엇일까?'를 생각하며 분해해 간다. 앞에서 이슈는 '문제해결을 위해 확인해야 할 필요가 있는 대상이나 영역'이라고 정의했던 것을 떠올리면 왜 여기서 이 같은 생각을 하며 분해해가야 하는지 알 수 있을 것이다. 그렇게 하여 분해한 것이 서브 이슈다. 서브이슈 역시 의문문의 형태로 기록한다. 서브 이슈를 분해했으면 분해한 서브 이슈에 대해 '내가 왜, 무엇을 위해 이 서브 이슈를 확인해야 하지?' 하고 질문을 던진다. 예를 들어 앞의 불량딸기 사례에서 '용기에 문제가 있는가?'라는 서브 이슈에 대해 '왜?'라는 질문을 던지면 다음과 같은 답을 도출할 수 있다. '딸기가 눌려 멍이 드니까 용기가 문제일 거야.'

세 번째, 좌측 박스의 이슈를 분해할 때는 반드시 MECE에 따라 분해한다. 각각의 서브 이슈에 서로 중복이 있으면 안 된다. 또 각각의 서브 이슈는 상위 개념의 이슈에 대해 누락이 있어서도 안 된다. MECE 분해를 할 때는 반드시 기준이 있어야 한다. 가장 어려운 것이 기준을 선택하는 것이다. 이상한 기준을 선택하면 나중에 엉망진창이 되고 만다.

네 번째, 서브 이슈를 두 번째, 세 번째와 같은 방법으로 분해해간다. 그럼 도대체 이슈를 몇 단계까지 분해해야 하는 걸까? 서브 이슈와 그 하위 이슈들은 모두 가설로 이루어져 있다. 이 가설들은 현 시점에서의 결론이다. "딸기 품종에 문제가 있는 것 같아." "용기에 문제가 있는 것 같아." 가설을 세웠으면 무엇을 해야 하는가? 검증이다. 팩트로 검증하기 위해 이슈 트리로 분해하는 것이다. 몇 단계까지 분해해야 하는가? 팩트로 확인할 수 있는 수준까지 분해하면 된다.

이 같은 방법으로 앞에서 설명한 불량딸기와 신용카드 사례를 이슈트리로 만들어보자. 불량딸기 사례는 앞에서 설명한 대로 세 가지 이슈로 분해하였다. 첫 번째, 품종의 문제는 다시 두 가지로 분해하였다. '당사 취급 딸기의 종류 및 특성은 무엇인가?' '보관이 용이한 품종으로는 어떠한 것이 있는가?' 두 번째, 용기의 문제는 세 가지로 분해하였다. '눌림 현상이 주로 일어나는 부위는 어디인가?' '용기는 딸기 보관에 적절한 습도를 유지하는가?' '용기에서 양호한 상태로 딸기를 보관할 수 있는 시간은 얼마인가?' 세 번째, 유통과정의 문제는 '수확단계에서 변질되는 것은 아닐까?' '포장단계에서 변질되는 것은 아닐까?' '산지에서 점별 출하까지의 유통과정에서 변질되는 것은 아닐까?' '판매단계에서 변질되는 것은 아닐까?' 네 가지로 분해하였다. 그런 다음 각각에 대해서 팩트 확인 가능 수준까지 분해하였다. 〈그림 24〉는 한 대형마트의 바이어들이 불량 딸기 문제가 터졌을 때 실제로 만들었던 이슈트리다. 맨 우측 박스의 질문을 보면 팩트 확인이 가능할 것이다.

해결책의 가설은 가상의 사례라고 했다. 여기서 '자사 카드의 사용률을 높이기 위해 고객에게 어떠한 혜택을 주어야 하는가?' 에 대해 이슈트리를 만들어 보자. 먼저 주부들이 원하는 혜택은 무엇일까? 주부들은 한결같이 치솟는 물가 때문에 장보기가 겁난다고 한숨을 쉰다. 이럴 때일수록 한 푼이라도 아껴서 주부들의 고민을 덜어 주는 것이 좋을 것 같다. 대표적인 것이 생활비와 자녀교육비일 것이다. 세분화 해보면 대형마트에서 장보기, 사교육비, 아파트 관리비, 병원비나 약값 등에 대해 생각하면 될 것 같다. 동네 슈퍼마켓, 동네 알뜰 장터도 생각할 수 있지만 실현 가능성이 낮으므

• 〈그림 24〉 불량딸기 이슈트리 •

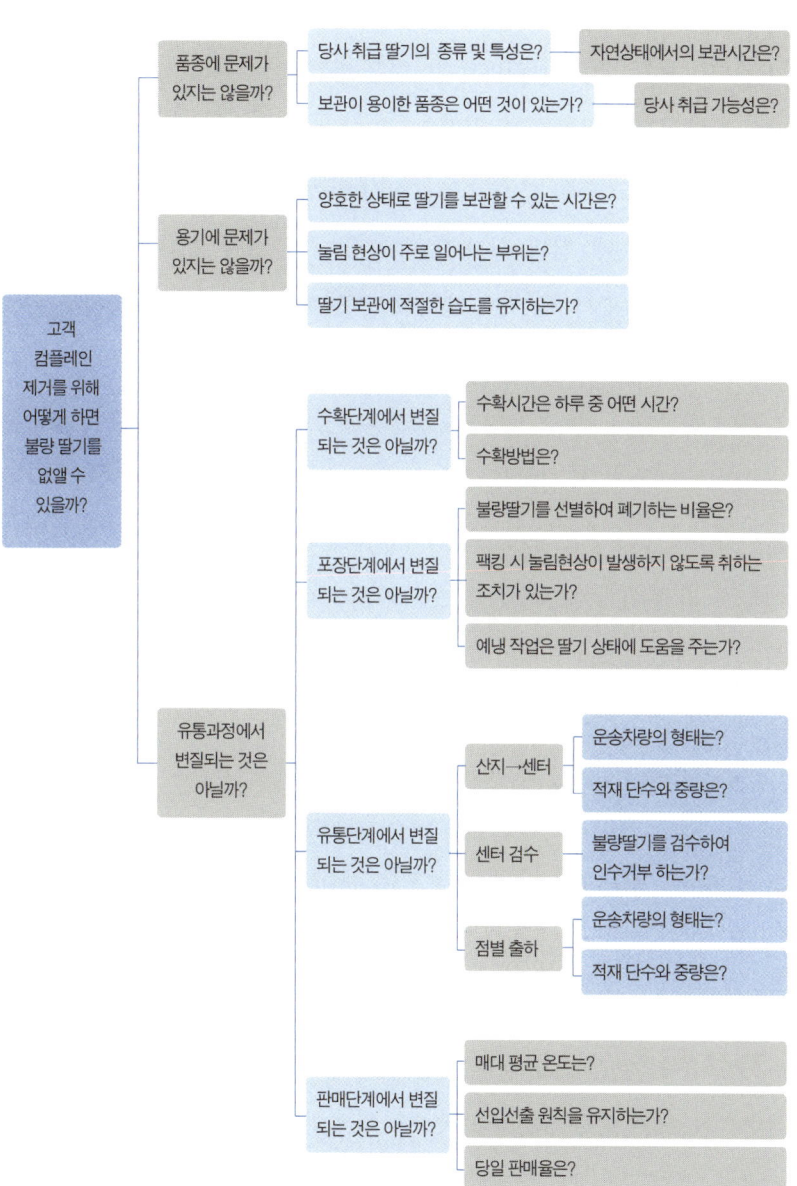

로 가설에서 제외한다.

2030세대가 원하는 혜택은 무엇일까? 미혼인 젊은 세대는 의외로 소비가 많다. 스마트폰, 태블릿PC, 인터넷을 가장 잘 활용하는 세대이므로 통신비 부담이 클 것이다. 또 인터넷 쇼핑이 가장 많은 세대이기도 하다. 젊으니까 아무래도 활동 반경이 넓고 이동이 많아서 교통비도 만만치 않을 것이다. 영화, 여행, 커피, 식사 같은 데이트 비용도 부담스러울 것이다. 자기계발을 위한 도서구입비도 생각할 수 있으나 책보다는 인터넷을 통한 정보 습득에 능하므로 가설에서 제외한다.

중년 직장인이 원하는 혜택은 무엇일까? 중년층은 아무래도 자동차 관련 혜택이 필요할 것 같다. 주유나 자동차 보험료와 관련된 것이 필요하지 않을까? 해외 출장이 잦은 사람이라면 항공 마일리지 같은 혜택이 요긴할 것이다. 가족 외식비를 줄일 수 있도록 레스토랑 할인 혜택을 주는 건 어떨까? 가족여행과 해외여행을 위한 리조트 혜택은 어떨까? 골프관련 사항도 필요할 것 같다. 이와 같은 서브 이슈들을 정리하면 〈그림 25〉와 같다.

이슈트리를 처음 만들 때는 불안한 생각이 들기 마련이다. '내가 지금 제대로 만들고 있는 건가?' 하는 의구심이 든다. 나도 마찬가지였다. 그러나 그것이 기우임을 깨닫는 것 역시 오래 걸리지 않았다. 이슈트리를 작성한 후, 검증과정을 거치면서 자연스럽게 가설이 수정·보완되고 진화하는 것을 경험했기 때문이다.

이 책을 쓰기 전에도 이슈트리를 만들어 가설을 세웠다. '책의 전체 상은 이러이러한 내용이다. 이러이러한 내용을 이러한 논리로 이렇게 쓰자. 그래야 독자들이 쉽게 이해할 것이다. 무엇보다 알기 쉽게 쓰자.' 기획서

• **〈그림 25〉** 카드 혜택 이슈트리 •

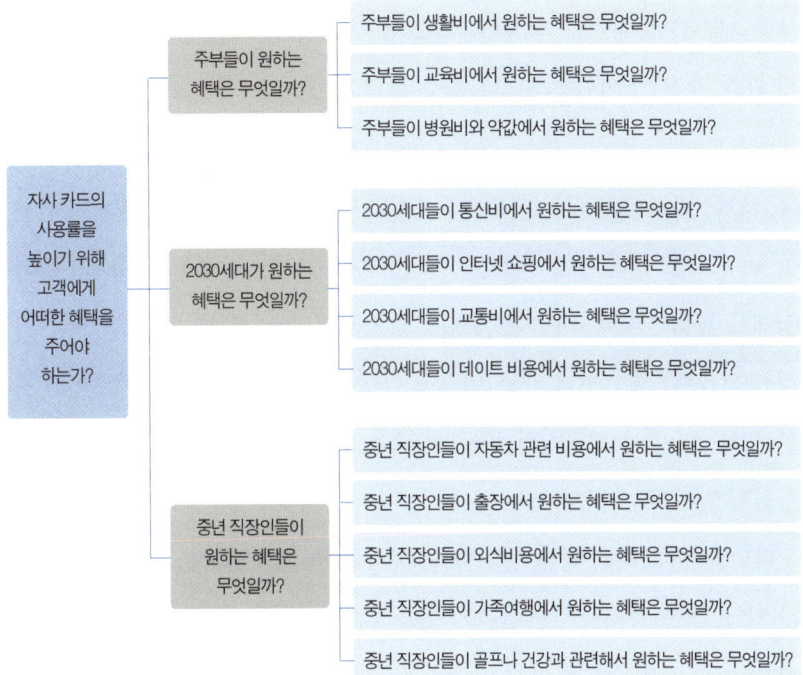

 나 보고서는 수없이 써보았지만 책은 처음이다. 책을 쓰면서 가설은 진화한다는 것을 또 한 번 절실히 경험하고 있다. 나 자신과의 토론을 통해 하나씩 검증해 나가면서 책의 내용이 진화하고 있음을 느끼고 있다. '이 부분은 논리가 안 맞아. 이 예는 너무 어려워. 이것과 이것의 순서를 바꿔야 독자들이 쉽게 이해할 것 같아.'

 책에 대한 이슈트리를 만들고 첫 페이지를 쓰기 시작한 지 딱 20일이 지났다. 이렇게 빨리 쓰게 될 줄은 정말 몰랐다. 주어진 정보를 바탕으로 결론을 내리고 즉, 가설을 세우고 책을 쓰니까 어떠한 정보를 수집해야 하는지 너무도 명확했다. 역시 가설을 구축하고 작업을 진행하는 것이 문제를 보다 신속하게 해결할 수 있고, 질적으로 더 좋은 해답에 도달할 수 있는 것 같다. 물론 그 판단은 독자들의 몫이지만 말이다.

이슈트리를 작성할 때는 틀려도 괜찮다. 가설이 틀려도 괜찮다고 하면 무책임한 말처럼 들릴지도 모른다. 그러나 비즈니스에서 처음부터 정답을 찾을 수는 없다. 학교에서 풀던 시험 문제가 아니다. 정답을 찾아나가는 과정에서 틀리는 것은 어쩔 수 없다. 그래서 맥킨지&컴퍼니에서도 처음 작성한 이슈트리를 '초기 가설'이라고 한다. 최초에 만든 가설일 뿐이다. 가설은 검증하면서 진화한다. 처음에 세운 가설이 부정되는 시점에 새로운 가설의 싹이 트는 것이다.

다만, 이슈트리를 만들다 보면 〈그림 26〉과 같이 한쪽만 분해되는 경우가 있다. 다른 가지는 뻗어나가지 못하고, 한 쪽의 가지만 계속 세분화되는 경우다. 왜 그럴까? 첫 번째 기준을 잘못 잡았기 때문이다. 이럴 경우에는 어떻게 해야 할까? 간단하다. 전부 다 지워버리고 새로 시작하면 된다. 이

• 〈**그림 26**〉 한 쪽으로 치우친 이슈트리 •

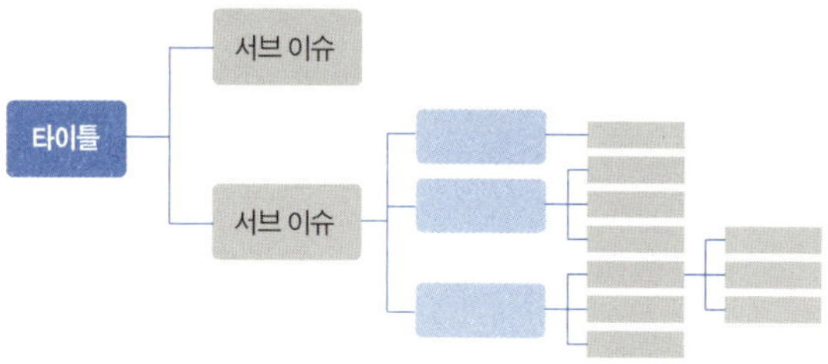

것을 제로클리어(Zero Clear)라고 한다. 무언가가 잘못돼서 마음에 들지 않는 이슈트리가 만들어졌다면, 이상하다고 느낀 시점에 미련 없이 버리는 게 좋다. 처음부터 다시 작성하는 것이다. 트리의 일부만 지우는 소심한 행동을 하지 말고 모두 지우고 새로 작성하라. 처음 작성하는 사람들은 이처럼 제로 클리어를 몇 번 정도 끈질기게 반복하다 보면 점차 이슈트리의 질이 좋아진다.

지금까지 이슈트리 작성 방법에 대해 설명했다. 그런데 왜 이슈트리를 통해 일을 구조화하고 세분화해야 할까? 이슈트리는 한마디로 '어떻게 하면 문제를 잘 풀 수 있을까?' 하고 해부해 보는 것이다. 이슈트리를 만드는 이유를 좀 더 자세히 알아보자.

첫째, 문제를 작고 다루기 좋게 만들 수 있다. 대부분의 문제는 여러 가지 복합적인 원인이나 사실들로 얽혀 있다. 그래서 도대체 어디부터 손을 대야 할지 난감할 때가 많다. 그러나 이슈를 작고 다룰 수 있는 각각의 서브 이슈로 세분화하면 어디서부터 어떻게 접근해야 할지가 보이기 시작한다. 신용카드 사례를 보라. 고객을 3가지로 분해하면서부터 어떻게 접근해야 할 지 점점 구체화되지 않았는가?

둘째, 문제의 전체 상을 조망함으로써 부분 간의 중요도와 우선순위를 매길 수 있다. 각각의 이슈를 체계적으로 파악하여 구조화하면, 무엇이 중요하고 어떤 것이 핵심사항인지 파악할 수 있다. 파악한 내용을 토대로 중요하고 핵심적인 것부터 해결함으로써 문제 해결의 완성도와 스피드를 높일 수 있다. 실제로 조직에서 발생하는 대부분의 문제는 핵심적인 원인을 제거하면 나머지가 자동으로 해결되는 경우가 많다. 불량딸기 사례에서도 실제로는 딸기 품종과 용기가 핵심이라고 판단하여 그 부분을 집중 공략하여 문제를 해결하였다.

셋째, 수준 높은 일이나 범위가 크고 넓은 일의 경우에는 이슈트리를 작성함으로써 각각의 주요 이슈들에 대해 개인별 역할과 책임을 명확히 할당할 수 있다. "딸기 품종은 최대리가 맡고, 용기는 고대리가 맡아. 유통과정은 이번에 공부도 할 겸 신입사원인 박군이 한 번 해보지." 실제 문제는 딸기 품종과 용기에서 해결될 것으로 보이므로, 이번 기회에 신입사원에게 유통 전반을 공부하는 기회를 갖게 하는 것도 나쁘지 않다. 만약 신입사원이 유통과정에서 해결책을 찾는다면 그 보다 좋은 일은 없을 것이다.

현장확인을 통해
가설을 진화시켜
기획과제를 명확화 한다

　이슈트리를 만들었으면 앞에서 설명한 대로 각 서브 이슈들 간의 우선순위를 따져 본다. 그런 다음 우선순위를 매기면서 불필요한 이슈를 제거한다. 불필요한 이슈란 검증 및 사실 확인이 불가능한 것을 말한다. 그리고 업무분장을 한다. 그 다음에 해야 할 일은 무엇일까?

　업무분장이 끝나면 다음 단계는 현장확인이다. 현장확인을 통해 가설이 자연스럽게 진화한다. 각각의 이슈 별로 현장을 확인하여 팩트들을 수집해야 한다. 어떤 이슈들은 문헌이나 논문을 찾아서 확인해야 하고, 또 어떤 이슈들은 관련 분야의 전문가를 만나서 인터뷰를 해야 하고, 또 다른 이슈들은 현장의 실무자를 만나야 할 수도 있다. 현장확인 중 무엇보다 중요한 거래처나 고객들과의 인터뷰도 빼놓을 수 없다.

　요즘은 인터넷의 발달로 관련 문헌이나 논문을 검색하고 확인하기가 비

〈**그림 27**〉 불필요한 이슈 제거하고 업무분장한 이슈트리

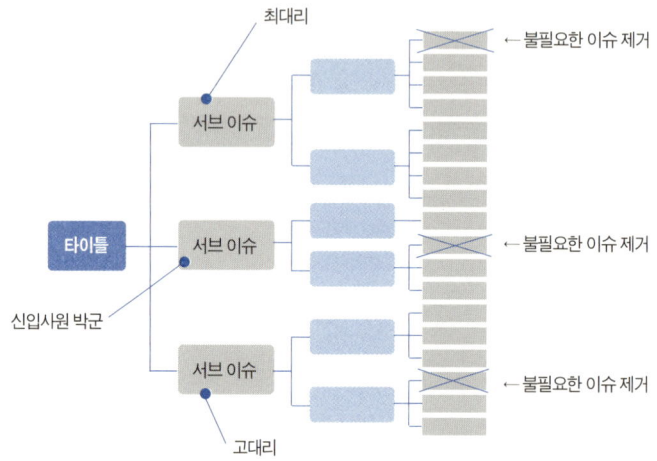

교적 쉬워졌다. 전문가를 만날 때에는 한 가지 염두에 두어야 할 것이 있다. 사전에 그 분야에 대해 연구를 많이 하면 할수록 짧은 만남을 통해서도 귀중한 정보를 획득할 수 있다는 점이다. 아무런 연구 없이 만나면 전문가가 이야기하는 내용을 제대로 이해하지도 못하고 피상적인 정보만을 얻게 된다.

회사 다닐 때 회의를 효율적으로 할 수 있는 방안을 마련하라는 지시를 받은 적이 있었다. 일단 회의진행요령에 관한 지식을 습득하는 것이 급선무였다. 당시에는 인터넷이 없었으므로 국회도서관이나 대형 서점에 가서 회의 관련 전문서적을 찾아보았다. 안타깝게도 회의진행요령과 관련하여 도움이 될 만한 국내 서적을 찾을 수 없었다. 그런데 대형서점의 일본서적

코너에서 책을 한 권 발견했다. 노구치 오토미츠가 쓴 《집단토의술》이라는 책이었다. 회의에 대해 30년 넘게 연구한 사람이었다. 함께 일을 맡았던 후배와 함께 그 책을 독파했다. 깜짝 놀랐다. 회의를 하는 데에도 그토록 많은 지식들이 필요하다는 것을 처음 알았다. '그 동안 정말 무식하게 회의를 했구나.' 하는 생각이 들었다. 회의에 관한 전반적인 지식을 습득한 후에 후배와 함께 이슈트리를 작성했다. 그 이슈트리를 바탕으로 실제 회사에서 벌어지고 있는 회의의 실태를 조사했다. 실태를 분석한 후에는 후배와 함께 일본으로 출장을 가서 2박3일 동안 노구치 오토미츠로부터 생각지도 못한 많은 것을 배우고 돌아왔다.

인터뷰를 할 때는 질문하는 요령이 중요하다. 첫째, 전반적인 질문으로부터 시작해서 구체적인 질문으로 깊이 파고 들어가야 한다. 이슈트리로 치자면, 맨 끝에 있는 가지를 질문하지 말고 그 앞 단계의 가지를 질문해야 한다. 불량딸기 사례의 이슈트리에서 포장단계를 보자. "포장할 때 불량딸기를 구분하여 폐기하는 비율은 어느 정도 됩니까?" 하고 구체적인 질문부터 던지면 그와 관련된 정보밖에 얻지 못한다. 그러면 가설을 진화시킬 수 없다. 그러나 "딸기를 포장하는 과정은 전체적으로 어떻게 진행됩니까?" 하고 전반적인 질문을 먼저 던지면, 현장의 담당자가 포장의 전체과정을 답변하게 된다. 그 답변을 듣다 보면 이슈트리를 작성할 때는 생각지도 못했던 새로운 관점의 정보를 습득하게 된다. '아! 내가 이것을 놓쳤구나. 이것도 이슈트리에 추가해야겠네.' '맨 끝 가지의 이것은 중요한 게 아니었구나. 이건 생략하는 게 좋겠어.' 이와 같이 현장확인을 통해 초기 가설이 진화한다.

둘째, 질문을 할 때 이미 자신이 답을 알고 있는 내용을 일부 포함시키는 것이 좋다. 왜 그래야 할까? 인터뷰 대상자의 정직성이나 지식에 대한 감을 잡을 수 있기 때문이다. 그래야 신뢰성 있는 정보를 습득할 수 있다. 인터뷰를 통해 얻은 정보는 팩트일 뿐이다. 이순신 장군이 강조했듯이 팩트의 진실성을 확보하는 것이 중요하다.

셋째, 인터뷰 대상자의 얘기를 곧이곧대로 들어서는 안 된다. 예를 들어 고객에게 "냉장고의 냉동공간이 넓은 게 좋으세요? 아니면 좁은 게 좋으세요?" 하고 물어보면, 대부분 "넓은 게 좋다."라고 대답할 것이다. 그러나 "이 냉장고와 냉동 공간이 넓지만 전력소비가 많은 냉장고 중 어느 쪽이 좋으세요?" 하고 물으면 이전과 다른 대답이 돌아올 것이다. 질문을 하면서 고객이 왜 그 냉장고를 선택하는지, 그 이유를 찾아내야 한다. 인터뷰 대상자의 얘기를 곧이곧대로 들을 것이 아니라 바르게 해석하는 것이 중요하다.

넷째, 형사 콜롬보 작전을 수행해야 한다. 형사 콜롬보 작전이란 핵심을 찌르는 중요한 질문은 상대방의 경계심을 흩트려 놓은 뒤에 던지는 방식을 말한다.

형사 콜롬보는 이소룡 영화와 함께 중고등학교 시절에 열광했던 미드(미국 드라마)다. 드라마의 내용은 잘 기억나지 않지만, 콜롬보가 범인을 궁지로 몰아가는 장면은 아직도 머릿속에 생생하다. 콜롬보는 항상 흐트러진 머리에 눈이 반쯤 풀린 채로 구겨지고 꾀죄죄한 트렌치 코트를 입고 다닌다. 누가 봐도 어수룩하고 볼품없는 꺼벙이 같은 모습이다. 그런 차림으로 상류계층이 주 고객인 드레스샵을 운영하는 범인의 가게로 찾아간다.

문을 여는 순간, 범인은 콜롬보의 꾀죄죄한 겉모습을 보고 기분 나쁜 표정을 짓는다. 콜롬보가 "3일 전에 일어난 살인사건에 대해 몇 가지 물어볼 게 있어서 왔습니다."라고 말하며 형사라는 신분을 밝히자 범인은 잔뜩 경계를 한다. 범인은 '이 어수룩한 놈이 질문을 마치고 빨리 갔으면…….' 하는 마음뿐일 것이다. 콜롬보는 이 점을 철저히 이용한다. 사건과 관련된 질문은 하지 않고 딴 짓만 한다. 전시되어 있는 드레스를 만지작거리며 "와! 이거 너무 멋있네요. 이런 옷은 얼마나 하죠?" "네에! 그렇게 비싸요. 우리 마누라는 평생 입어보지도 못하겠네요." 하는 식이다.

범인은 콜롬보를 얕잡아 보며 사건 관련 질문이 뭐냐고 물어본다. 그래도 콜롬보는 딴 짓을 한다. "이 축음기는 골동품인가 보죠?" "와우! 이 실내등은 정말 고전적이네요." 범인은 돌아버리기 시작한다. 그때쯤 콜롬보는 알리바이 같은 기본적인 질문 몇 가지를 던지고 돌아선다. "감사했습니다. 다음에 또 질문할 게 있으면 그 때 다시 오도록 하죠. 안녕히 계십시오." 하고 문 쪽으로 향한다. 그러면 범인은 '휴! 이제야 저 멍청한 놈이 가는구나.' 하며 경계심을 풀고 콜롬보를 마중한다. 문 밖으로 나가 범인이 문을 닫으려는 순간 콜롬보가 갑자기 돌아서며 자기가 꼭 확인하고 싶었던 질문을 던진다. "그런데 그 날 어디에 계셨다고요?" 그러면 범인의 입에서 자기도 모르게 진짜 대답이 '툭' 하고 튀어나온다. 긴장이 풀려서 아무 생각이 없었기 때문이다. 경계심을 갖고 긴장하고 있을 때와는 전혀 다른 답이 나오는 것이다. "아니, 아까는 바에서 혼자 술을 마시고 있었다면서요. 감사합니다." 하며 콜롬보는 사라진다. 범인은 얼굴이 새파랗게 질리며 사색이 된다. 상대방이 경계심을 갖고 긴장하고 있을 때는 진실을 이야기하지 않을 수 있다는 점을 공략하는 방법이다.

이와 같이 현장 확인 과정을 거치며 팩트들을 수집한다. 이 과정에서 자기가 만든 가설을 수정보완하며 진화시켜 간다. 따라서 이슈트리를 만들 때, 내가 잘 만들고 있는 건지 미리부터 걱정할 필요는 없다.

팩트들을 확인 했으면 그 다음 단계는 무엇일까? 통찰의 So What/Why So를 해가며 기획과제를 명확화 한다. 제2부에서 So What/Why So에는 '관찰'과 '통찰' 두 가지 종류가 있다고 했다. '관찰'의 So What/Why So는 하위 팩트들을 So What해서 요점을 파악하고 요점이 잘 정리되었는지 Why So로 검증하는 것이다. 주로 현상과 배경을 분석할 때 사용한다. 이에 비해 '통찰'의 So What/Why So는 알려져 있는 사실들로부터 알려져 있지 않은 새로운 것을 알아내는 것이다. 옥포해전의 원거리 포격전처럼,

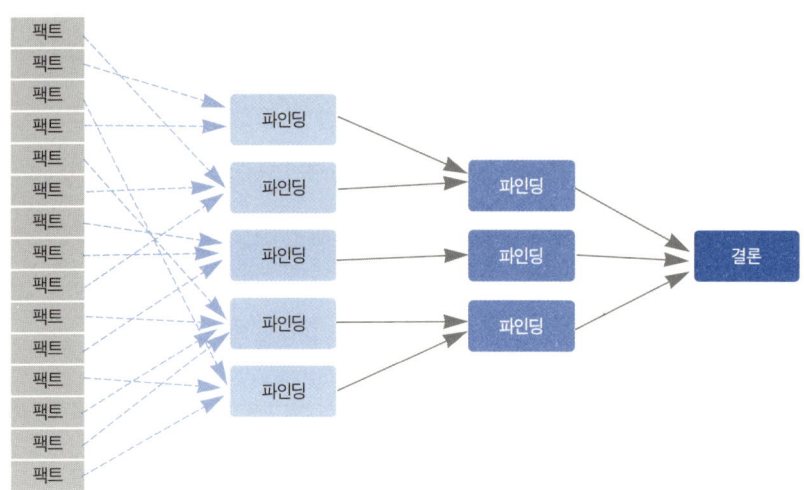

• 〈그림 28〉 발견의 로직 다이어그램 •

팩트들을 바탕으로 〈그림 28〉과 같이 So What/Why So 과정을 거치며 가설 즉, 현 시점에서의 결론을 완성하는 것이다. 〈그림 28〉을 '발견의 로직 다이어그램(Logic Diagram)'이라고 한다.

이 과정을 실무에서는 어떻게 실시하는지 기업의 예를 살펴보자. 한 마트에서 품질표시 오류문제가 심각했던 적이 있었다. 품질표시란 소비자가 상품의 품질과 용법 등에 대해 올바르게 이해할 수 있도록 제조업자·판매업자가 자사의 상품에 이를 기재 또는 첨부하는 것을 말한다. 품질표시를 제대로 하면, 판매업자 입장에서는 조악한 제품을 점포의 신용을 이용해서 판매했다는 나쁜 평판을 피할 수 있고, 상품의 품질과 가격에 얽힌 시비도 회피할 수 있다. 그 당시 실무 담당자들은 '매장의 평판을 개선하기 위해 어떻게 하면 품질표시 오류를 제거할 수 있는가?'라는 이슈트리를 작성한 뒤에, 현장 확인을 통해 〈그림 29〉와 같은 22가지 팩트들을 수집했다.

먼저 1차 팩트 파인딩을 통해 22가지를 9가지로 정리하였다. 9가지 메시지들 끝의 괄호를 보면 좌측의 팩트들의 번호가 나와 있다. 이 번호들은 어떠한 팩트들을 So What 해서 나온 메시지인지를 표시한 것이다. 아홉 번째 '품질표시 작업은 이원화되어 있다.'라는 메시지는 6번과 7번의 팩트들을 So What 해서 도출한 것이다. 그럼 이제 Why So를 해보자. '왜 품질표시 부착작업은 이원화되어 있지?' 하고 물어보면 6번과 7번이 그대로 답이 되어야 한다. "아, 그 이유는 이렇습니다. 품질표시 부착작업의 90%는 목포공장에서 실시하는데, 아웃소싱한 상품의 품질표시 부착작업은 현지 공장에서 실시합니다."라고 답변을 할 수 있다. 품질표시 부착작업이 이원화되어 있다는 것을 팩트로 입증할 수 있다. 이후, 2차 팩트 파인딩을 통해 다

• 〈그림 29〉 품질표시 오류 1차 팩트 파인딩 •

1차 팩트 파인딩

1. 품질표시 필수사항에 대한 정확한 법령이 없다.
2. 품질표시사항 기재내용을 다른 유통에서 판매하고 있는 유사제품에서 참고한다.
3. 품질표시 제작은 협력회사 본사에서 자체 실시한다.
4. 품질표시 제작은 협력회사 사장이 직접 확인 감독한다.
5. 품질표시 인쇄 및 제작은 협력회사 본사에서 직접 실시한다.
6. 품질표시 부착작업의 90%는 목포공장에서 실시한다.
7. 아웃소싱한 상품의 품질표시 부착은 현지 공장에서 실시한다.
8. 출고 전 샘플링은 50%만 실시하고 문제 상품이 발생하면 해당 상품 전량을 검사한다.
9. 품질표시 부착 작업은 기존인력으로 실시하나 행사 등 물량이 갑자기 늘 때는 별도 인력을 추가한다.
10. 작업환경 관리는 공장장이나 창고장이 실시한다.
11. 월 1회 사장이 직접 각 사업부 책임자들에게 교육을 실시한다.
12. 작업 전 품질 불량 발생시 작업관리자가 회사에 미치는 영향을 작업자에게 설명한다.
13. 품질표시는 컴퓨터에서 바로 작성하여 바로 수정이 가능하다.
14. 품질표시는 바구니에 보관하고 작업자에게 작업반장이 직접 전달한다.
15. 품질표시 부착 작업자의 이직률이 높다.
16. 품질표시 불량 발생 횟수는 월 평균 3회 정도다.
17. 2월에 매장 내에서 발생한 품질표시 미부착 불량횟수는 총 2회다.
18. 현재 취급하는 상품 수는 425개이다.
19. 평균 물동량은 하루 450 박스이다.
20. 상품의 특성이 다르고 아이템이 많아 품질표시 부착작업 자동설비의 설치가 불가능하다.
21. 품질표시 부착작업 실명제를 실시하지 않고 있다.
22. 품질표시 불량횟수는 12, 1, 2월이 비슷하다.

1. 품질표시 필수 기재사항에 대한 정확한 법규가 없다. (1, 2)
2. 품질표시 부착 작업자의 숙련도가 떨어진다. (9, 15)
3. 품질표시 부착 후 전체의 50%만 검품을 실시한다. (8)
4. 품질표시 불량 발생 시 작업라인을 추적하기 어렵다. (21)
5. 품질표시 부착 작업의 자동화가 어렵다. (18, 19, 20)
6. 현장교육의 효과가 적다. (11, 12, 16, 17, 22)
7. 품질표시 부착 작업과정이 매뉴얼화 되어 있다. (10, 14)
8. 품질표시 제작은 계획한 대로 100% 제작된다. (3, 4, 5, 13)
9. 품질표시 부착작업이 이원화 되어 있다. (6, 7)

섯 가지로 정리하고, 3차 팩트 파인딩을 통해 3가지 서브 결론으로 정리하였다. 그리고 품질표시 오류문제를 해결할 수 있다는 결론에 도달한다. 이

● 〈그림 30〉 품질표시 오류 2차, 3차 팩트 파인딩 ●

2차 팩트 파인딩

1. 품질표시 필수 기재사항에 대한 정확한 법규가 없다. (1, 2)
2. 품질표시 부착 작업자의 숙련도가 떨어진다. (9, 15)
3. 품질표시 부착 후 전체의 50%만 검품을 실시한다. (8)
4. 품질표시 불량 발생시 작업라인을 추적하기 어렵다. (21)
5. 품질표시 부착 작업의 자동화가 어렵다. (18, 19, 20)
6. 현장교육의 효과가 적다. (11, 12, 16, 17, 22)
7. 품질표시 부착 작업 과정이 매뉴얼화 되어 있다. (10, 14)
8. 품질표시 제작이 계획한 대로 100% 제작된다. (3, 4, 5, 13)
9. 품질표시 부착작업이 이원화 되어 있다. (6, 7)

1. 품질표시 필수기재사항의 법규 적용이 잘 되지 않고 있다. (1)
2. 품질표시 부착오류의 발생위험은 항상 존재한다. (2, 5, 9)
3. 50%의 물량은 검품되지 않는다. (3)
4. 불량발생시 원인 파악 및 정확한 조치가 이루어지지 않고 있다. (4, 6)
5. 품질표시 부착의 중요성을 인식하고 있다. (7, 8)

3차 팩트 파인딩

1. 품질표시 필수기재사항의 법규적용이 잘 되지 않고 있다. (1)
2. 품질표시 부착오류의 발생위험은 항상 존재한다. (2, 5, 9)
3. 50%의 물량은 검품 되지 않는다. (3)
4. 불량발생시 원인 파악 및 정확한 조치가 이루어지지 않는다. (4, 6)
5. 품질표시 부착의 중요성을 인식하고 있다. (7, 8)

1. 정확한 법규 적용 (1)
2. 전수검사 실시 (2, 3, 5)
3. 작업실명제 도입 (4)

결론이 기획과제다. 그 기획과제를 해결하기 위해서 '정확한 법규 적용' '전수검사 실시' '작업실명제 도입' 이라는 서브 과제 세 가지가 도출된다. 이와 같이 가설검증형 기획은 발견의 로직 다이어그램을 통해 과제와 서브과제가 명확화 된다. 뿐만 아니라 이렇게 함으로써 과제와 서브과제를 해결하지 않으면 안 된다는 논리적 근거가 명확해진다.

"품질표시 오류를 제거하는 것이 이번 기획의 과제입니다. 이를 위해 3

가지를 해야 합니다. 첫째는 정확한 법규적용, 둘째는 전수검사 실시, 셋째는 작업실명제 도입입니다."

그러면 상사가 Why So 해서 바로 질문을 던진다.

"전수 검사를 왜 실시해야 하지?"

"그 이유는 다음과 같습니다. 품질표시 부착 오류가 발생할 위험이 항상 존재하는데, 50%의 물량은 현재 검품되지 않고 있습니다. 하지만 품질표시 부착의 중요성은 모두 인식하고 있습니다."

"왜 품질표시 부착 오류 발생위험이 항상 존재하는 거지?"

"왜냐하면 품질표시 부착 작업자의 숙련도가 떨어지고, 작업이 이원화되어 있기 때문입니다. 또 품질표시 부착 작업의 자동화가 어렵기 때문입니다."

"왜 품질표시 부착작업이 이원화되어 있지?"

"작업의 90%는 목포공장에서 실시하지만, 아웃소싱한 상품은 모두 현지공장에서 실시하고 있기 때문입니다."

이와 같이 팩트로부터 철저하게 So What/Why So 과정을 거치며 과제를 명확화 해야 논리의 비약이 사라지고 상사를 설득할 수 있다. 가설검증 시 기획과제는 현장확인을 통해 팩트들을 수집한 후 발견의 로직 다이어그램으로 명확화 한다. 발견의 로직 다이어그램을 좌측으로 90도 돌리면 〈그림 31〉과 같은 피라미드 구조가 된다.

발견의 로직 다이어그램도 피라미드 구조라는 것을 잊지 말자. 가로의 법칙은 MECE이고, 세로의 법칙은 So What/Why So이다.

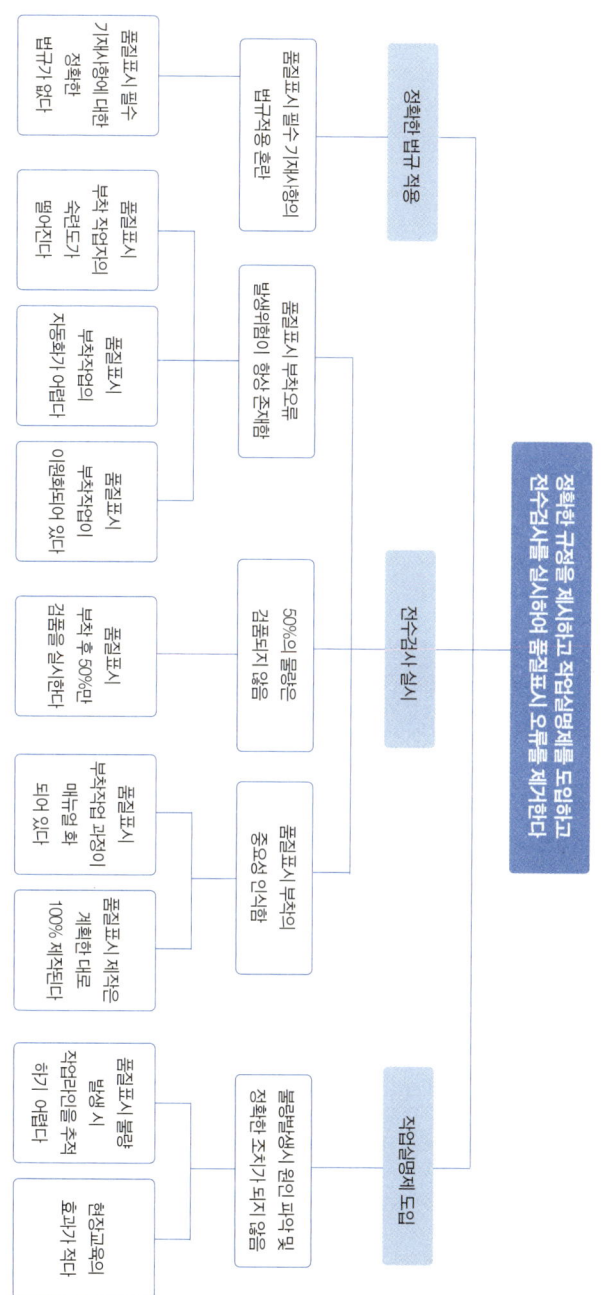

〈그림 31〉 품질표시 오류 개선을 위한 로직 다이어그램을 90도 돌린 구조

231

컨셉 하에서
하우트리로 해결책을
완성한다

 컨셉은 현상분석을 통해 명확화 한 과제에 대하여 그 해결 방법을 한 마디로 표현한 것이다. 이순신 장군은 첫 전투인 옥포해전을 승리로 이끄는 것이 과제였다. 옥포해전을 어떻게 치를 것인가? 한 마디로 '원거리 포격전'이다. 이것이 바로 컨셉이다. 발견의 로직 다이어그램을 통해 기획과제와 서브과제가 결정되면 컨셉 개발에 들어간다.

 '자사 카드 사용률을 높이기 위해 고객에게 어떠한 혜택을 주어야 하는가?'에 대해 현장확인을 한 결과, 김대리는 '주부들은 생활비와 가사고민을 덜어 주는 것이 최선'이라는 가설을 굳혔다. 또 이번 가설검증 과정을 통해 4050 세대의 중년 주부들이 문화에 대한 욕구가 강하다는 사실도 새로 발견하였다. 주부들의 여가시간은 자녀가 학교에 들어가면서 자연스럽게 늘어난다. 육아로부터 해방된 4050 세대 주부들이 '문화소비'에 나서

기 시작한 것이다. 휴무일 낮에 여자 친구와 함께 극장에 영화를 보러 갔다가 의외로 중년 여성이 많은 것을 목격했다. 그들은 보통 4~6명이 함께 영화를 보러 왔다. 곧바로 영화산업에 근무하는 친구에게 확인을 했다. 여성 관객 중 40대 이상의 비중이 20%나 된다는 대답이 돌아 왔다. 영화관의 최대 고객인 20대 후반(24%), 30대 초반(20%)과 비슷한 수치라고 했다. 그런데 소비 패턴이 재미있었다. 남성들은 극장에서 보통 한 명이 티켓 값을 계산하면 다른 사람들이 음료와 팝콘을 사거나 영화를 보고 나서 밥이나 술을 사지만, 주부들은 철저히 '더치페이'를 한다고 했다. 역시 알뜰했다. (이것은 가상의 사례라는 것을 잊지 말자. 독자들의 이해를 돕기 위해 생각을 어떻게 풀어나가는지를 설명하는 것이다. 카드사 입장에서 보면 웃을 일이다.)

2030세대는 스마트폰이 보급되면서 통신비 지출이 확실히 많아졌다. 그런데 취업난 등 경기 불황의 여파로 전반적인 카드 사용액은 줄어든 것으로 확인되었다. 4050세대의 카드 사용액 점유율이 57.3%로 가장 높았고, 30대가 23.4%, 20대가 10.7% 순으로 나타났다. 20대의 카드 사용액이 확실히 줄어든 모습이었다. 20대를 대상으로 인터뷰와 설문조사를 하여 데이트 비용이 부담이 된다는 사실도 확인했다. 조금이라도 더 할인 혜택이 있었으면 좋겠다는 응답이 57%였다.

중년 직장인들은 수유나 자동차 보험료 같은 할인 혜택도 중요하지만, 건강이나 레저와 같은 품위를 유지하는 쪽의 혜택을 바란다는 것을 확인했다. 무엇보다 중년층에게는 신용카드 할인 혜택에 대한 홍보가 절실히 필요하다는 점도 확인했다. 포인트에 익숙한 2030세대는 혜택을 많이 챙겼던 반면 중년층은 카드 사용액이 많음에도 불구하고 실질적인 할인혜택을 누리지 못했다.

발견의 로직 다이어그램을 통해 이와 같은 내용의 기획과제와 서브과제를 명확화 한 김대리는 컨셉 개발에 들어갔다. 김대리는 한마디로 고객별로 특화된 '천생연분' 신용카드를 개발하기로 했다. '고객별로 특화된 천생연분 신용카드' 이것이 컨셉이다. 그런 다음, 이 컨셉 하에서 서브 컨셉을 개발했다. 주부들을 대상으로는 '알뜰살림형 카드', 2030세대를 대상으로는 '생활밀착형 카드', 중년층을 대상으로는 '품위유지형 카드'를 만들기로 했다. 이와 같이 발견의 로직 다이어그램을 거쳐 기획과제가 명확화 되면 곧바로 컨셉과 서브 컨셉 개발에 들어가면 된다.

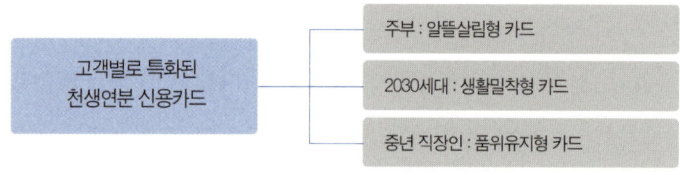

그 다음 단계는 이 컨셉 하에서 해결책을 찾는 것이다. 해결책을 구체화 시켜 나가는 도구가 바로 〈그림 32〉와 같은 하우트리(How Tree)다.

하우트리는 컨셉과 서브 컨셉 하에서 나무의 형태로 해결책을 구체화시켜 가는 것이다. 그럼 몇 단계까지 분해해야 하는가? 실행으로 연결시키는 것이 중요하므로 액티비티가 나올 때까지이다.

카드 사례로 다시 돌아가 보자. 주부들은 알뜰살림형 카드로 컨셉을 잡았으므로 생활비와 문화소비, 두 부분으로 나누어 해결책을 찾는다. 생활비는 장보기 할인과 학원비를 절약할 수 있는 혜택에 대한 아이디어를 구

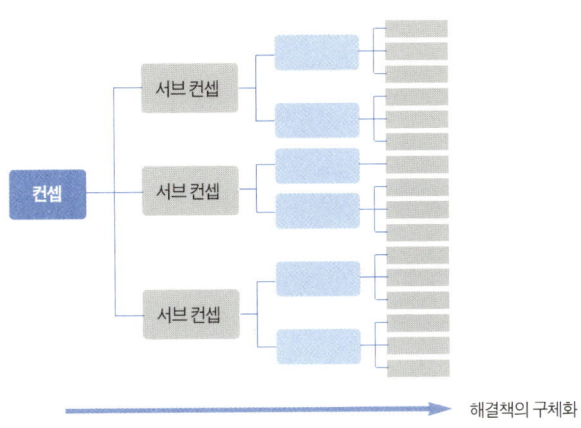

〈그림 32〉 하우트리

해결책의 구체화

체화시키고, 문화소비는 극장과 그 주변 레스토랑을 연계한 서비스, 문화센터와 대형마트, 백화점 등과 연계한 서비스를 구체화시키면 될 것이다. 2030세대는 생활밀착형 카드이므로 통신비 지출과 데이트 비용으로 나누어 어떤 혜택을 줄 수 있는지 구체적으로 찾아나간다. 예를 들어 이동통신 요금을 자사카드로 자동결제하면 월 2만원 한도 내에서 최대 7%를 할인해준다. 제휴 레스토랑을 이용할 때에는 사용금액의 3%를 포인트로 적립해준다. 이런 식으로 액티비티가 나올 때까지 구체화한다. 또 중년 직장인은 건강·레저부분을 강화하고, 신용카드 할인 혜택 홍보를 어떻게 적극적으로 해나갈 것인지 구체화해 간다. 이러한 과정을 하우트리로 작성하면 〈그림 32〉와 같다. 앞서 예로 들었던 품질표시 사례는 실제로 〈그림 33〉과 같은 하우트리로 구체화 되었다. 이와 같이 액티비티까지 구체화 했다면, 제2부에서 설명한 대로 실행계획을 수립하면 된다.

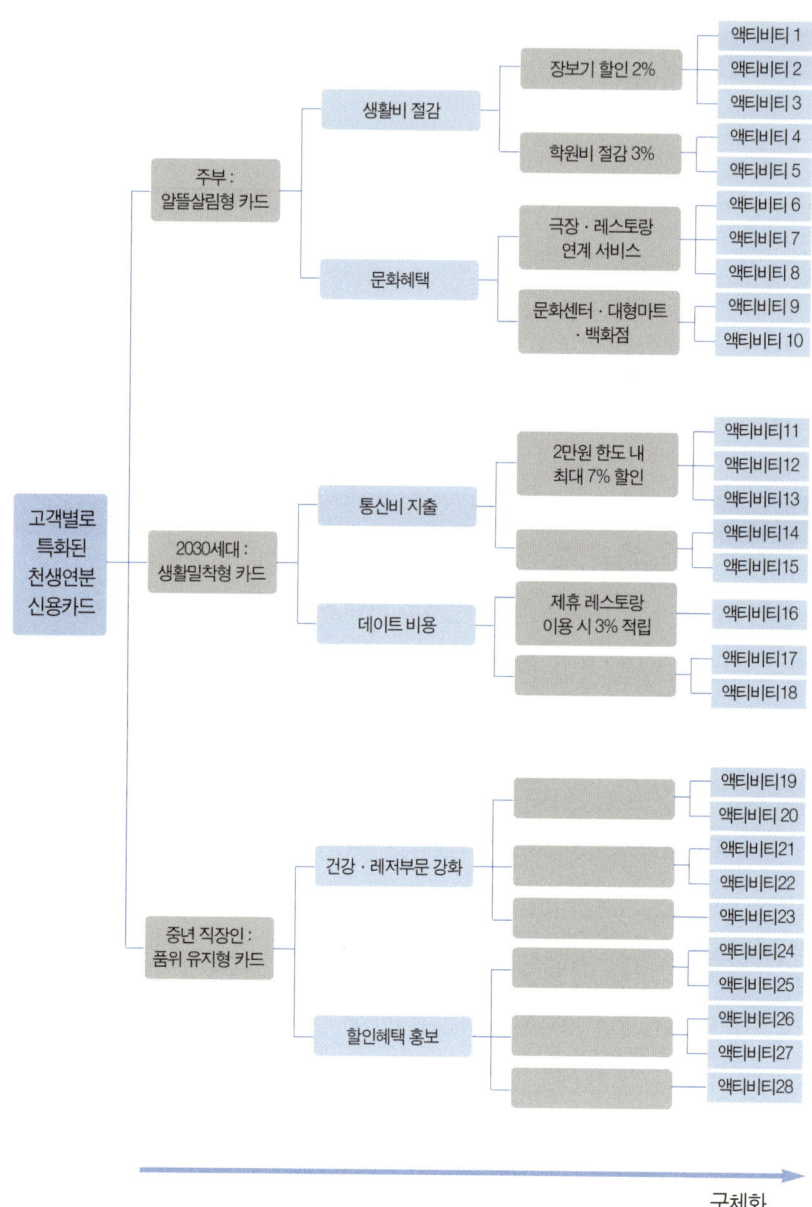

〈그림 32〉 신용카드 할인 혜택에 대한 하우트리

• 〈그림 33〉 품질표시 사례 하우트리 •

가설검증 프로세스를 한 장으로 정리한다

　　가설검증형 기획은 크게 세 부분으로 나뉜다. 첫째, 초기 가설을 구축하는 이슈트리, 둘째, 현장확인을 통해 기획과제를 명확화 하는 발견의 로직 다이어그램, 셋째, 컨셉을 개발하고 해결책을 찾는 하우트리다. 그러면 각 부분별로 어떠한 일을 하는지 전체적으로 정리해 보자.

　　첫째는 가설을 구축하는 이슈트리다. 이 단계에서는 기획의 방향을 결정하고, 기획의 니즈를 분석할 준비를 한다. 기획의 방향 결정은 기획의 출생을 증명하고 목적을 명확화 한 뒤에 기획의 타이틀을 정하는 것이다. 그런 다음 기획의 니즈를 분석할 준비를 한다. 타이틀을 질문으로 바꾸고 맨 좌측의 박스에 의문문의 형태로 적어 이슈화한다. 이슈란 문제해결을 위해 확인해야 할 필요가 있는 대상이나 영역이라고 했다. 그 다음은 맨 좌측 박스의 이슈를 해결하기 위해서 확인해야 할 필요가 있는 대상이나 영역이

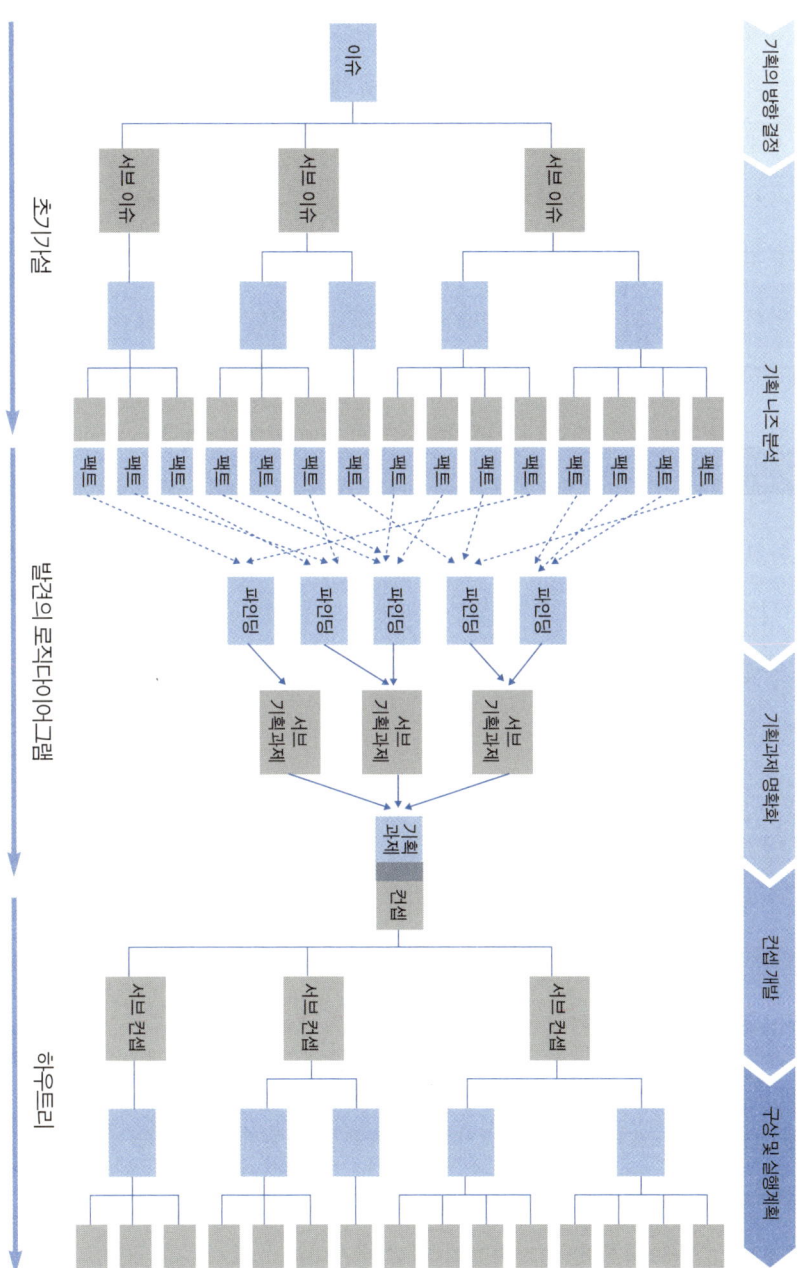

〈그림 34〉 가설검증형 기획의 프로세스

| 가설검증형 기획의 프로세스와 방법론 | 239

무엇인지를 생각하면서 분해해 간다. 그것이 서브 이슈다. 서브 이슈 역시 의문문의 형태로 기록하고, 분해한 서브 이슈에 대해 '왜, 무엇을 위해 이 서브 이슈를 확인해야 하는가?'에 대한 답을 찾는다. 이슈를 분해할 때는 MECE의 사고방식에 따라 팩트를 확인할 수 있는 수준까지 분해하여 이슈 트리를 완성한다. 이슈트리를 완성하면 각 서브 이슈들 간의 우선순위를 매기면서 검증 및 사실 확인이 불가능한 이슈를 제거한다. 불필요한 이슈를 제거한 뒤에는 업무분장을 한다. 여기까지가 가설을 구축하는 단계다.

둘째는 발견의 로직 다이어그램이다. 각 서브 이슈별로 현장을 확인하여 팩트들을 수집한다. 서브 이슈별로 문헌과 논문을 통해 논리적 근거를 확보하고, 전문가·현장실무자·거래처·고객 등과 인터뷰를 하며 팩트들을 수집한다. 이 과정에서 초기 가설이 수정·보완되며 진화한다. 최종적으로 수집한 팩트들을 바탕으로 통찰의 So What/Why so 과정을 거치며 결론을 도출한다. 이 결론이 기획과제다. 그 결론을 도출하기 바로 전 단계가 서브 기획과제가 된다. 서브 기획과제 전 단계의 팩트 파인딩 부분과 그 이전 단계의 팩트들이 '왜 이 과제와 서브 과제를 해결하지 않으면 안 되는가?'에 대한 논리적 근거가 된다. 여기까지가 기획의 프로세스 중 세 번째 단계인 기획과제 명확화이다. 기획서의 기본 구조 중 클라이언트 블록에 해당한다. 따라서 기획의 니즈 분석 단계는 초기 가설과 발견의 로직 다이어그램에 걸쳐 있는 셈이다.

셋째는 하우트리다. 발견의 로직 다이어그램을 통해 기획과제를 명확화한 후에는 컨셉과 서브 컨셉을 개발한다. 이 때 서브 기획과제와 서브 컨셉이 대부분 대칭을 이룬다. 여기까지가 컨셉 개발이다. 그런 다음 개발한 컨셉 하에서 해결책을 액티비티가 나올 때까지 구체화 한다. 그러면 자연스럽게 모든 아이디어들이 컨셉을 중심으로 꼬치구이처럼 관통한다. 그것을 확인한 후 실행계획을 수립한다. 이것이 기획의 마지막 단계인 구상 및 실행계획 수립이다.

가설검증력은
CEO의 직관력으로
발전한다

"고객에게 그들이 원하는 것을 줘야 한다."라고 말하는 사람들도 있다. 하지만 그것은 내 방식이 아니다. 우리의 일은 고객이 욕구를 느끼기 전에 그들이 무엇을 원할 것인가를 파악하는 것이다. 헨리 포드가 이렇게 말한 것으로 기억한다. "내가 고객에게 무엇을 원하느냐고 물으면 고객은 '더 빠른 말!'이라고 대답할 것이다." 사람들은 직접 보여주기 전까지는 자신이 무엇을 원하는지 모른다. 그것이 내가 절대 시장조사에 의존하지 않는 이유다. 아직 적히지 않은 것을 읽어내는 게 우리의 일이다.

월터 아이작슨이 쓴 스티브 잡스의 전기에 나오는 너무나 유명한 말이다. '아직 적히지 않은 것을 읽어내는 게 우리의 일이다.' 도대체 이 말의 의미가 무엇일까? 나는 그것이 너무 궁금했다. 아직 적히지 않은 것을 읽어내는 능력이란 무엇일까?

 '절대 시장조사에 의존하지 않는다.' 라는 말에서 단서를 찾았다. 시장조사를 하지 않는다는 것은 분석적 판단을 하지 않는다는 얘기다. 구체적인 증거들을 기초로 계산하지 않은 채 결론에 도달한다는 것이다. 바꿔 말하면 '그냥 보면 안다.' 라는 뜻이다. '그냥 보면 안다.' 라는 뜻을 가진 말이 '직관' 이다. 이를 위해서는 '그냥 보면 아는 능력' 을 키워야 하는데, 이것이 바로 '직관력' 이다. 스티브 잡스는 직관력으로 일을 해야 한다고 직원들에게 강조하고 있는 것이다. 우리 주변을 보더라도 기업의 오너나 CEO들은 직관력이 탁월하다는 소리를 자주 듣는 것 같다. 그렇다면 직관력이란 과연 무엇이고, 어떻게 개발해야 할까?

 직관력을 사전에서 찾아보면 '판단이나 추리 따위의 사유 과정을 거치지 않고 대상을 직접적으로 파악할 수 있는 능력' 이라고 나와 있다. 직관력은 직감력과는 다르다. 직감력은 느낌이나 감각으로 판단하는 능력이다. 어두운 골목길을 걷고 있는데 누군가 뒤에서 따라오는 것 같은 느낌이 든다. 이것은 직감력이다. 추리의 과정을 거치지 않고 감각적으로 본능적으로 느끼는 것이다. 운전을 하다가 두 갈래 길이 나온다. 어느 길이 빠를까? 머릿속에서 순식간에 과거의 경험과 지식을 총동원하여 결론을 내린다. '이 길로 가자. 이 길이 빠를 것이다.' 이것이 직관력이다.

 직관력은 논리의 일종이다. 다만 경험이 없으면 존재하지 않는 논리가 직관력이다. 그것이 일반적인 논리와의 차이다. 추리의 과정이 순식간에 이루어지기 때문에 스스로 잘 느끼지 못할 뿐이다. 기업의 오너나 CEO들은 직관력이 뛰어난 경우가 많다. 그들은 의사결정을 할 때, 주어진 정보를 바탕으로 수없이 많은 논리의 스텝을 밟는다. '이렇게 하는 것이 좋을까, 저렇게 하는 것이 좋을까?' 머릿속에서 수없이 많은 논리의 스텝을 밟다가 마침내 '이번 일은 이렇게 가자.' 하고 순식간에 결정을 내린다. 이것이 직관력이다.

그렇다면 직관력을 개발하려면 어떻게 해야 할까?《창조적 혁신의 연구》의 저자 나카조노 유지에 따르면 직관력을 개발하는 방법에는 크게 3가지가 있다.

첫째는 머릿속에 기억의 양이 많아야 한다. 지식과 경험이 많을수록 직관력이 개발되기 때문이다. 단순 비교를 해보자. CEO와 신입사원의 지식과 경험을 비교해 보라. 박진영과 〈K팝스타〉 오디션에 참가한 가수 지망생과의 지식과 경험을 비교해 보라. 속된 말로 하늘과 땅 차이다.

둘째는 직관력도 논리의 일종이기 때문에 논리력을 강화하면 직관력이 개발된다. 논리력을 강화하는 방법 역시 3가지가 있다. 첫째가 용어의 정의이다. 용어의 정의에 대해서는 더 강조해 보아야 지면만 죽이는 일이다. 둘째가 분류다. 분류의 방법론 중 하나가 MECE다. 애매모호한 것을 명쾌하게 분류해 내는 능력이 중요하다. '애정남'이 시청자들에 인기를 끄는 이유는 명쾌함에 있다. 논리가 없으면 불가능한 일이다. 셋째가 관계의 인식이다. '이것과 저것이 인과관계인가, 주장과 근거의 관계인가, 문제와 원인의 관계인가?' 그 관계를 잘 찾아내는 능력이 중요하다. 또 전혀 관계가 없어 보이는 것도 관계를 맺어 내는 능력이 중요하다. 예를 들어 MECE와 애정남과의 관계, 옥포해전과 통찰의 So What/Why So와의 관계이다. 브라질에 비가 오면 스타벅스 주식을 사라는 말이 있다. 브라질에 비가 오는 것과 스타벅스 주식이 도대체 무슨 관계가 있단 말인가? 이 세상에는 그 관계를 찾아내는 사람들이 있다. 직관력이 뛰어난 사람들이다.

셋째는 가설구축을 습관화하는 것이다. 우리가 평소에 늘 자주 하고 있는 것이다. '이대호 선수가 일본에 진출하면 홈런을 몇 개나 칠까?' '북한의 후계세습체제가 연착륙할까?' '부동산 값이 오를까?' 우리는 일상생활 속에서 수없이 많은 가설을 구축하며 살아가고 있다. 그러나 이러한 가설들이 단지 자기자신의 의견을 피력하거나 불만토로의 장으로 변질되어서는 안 된다. 이것을 직관력으로 연결시키려면 가설구축을 구체적이고 체계적으로 하는 습관을 가져야 한다.

내가 사용하는 방법 한 가지를 소개할까 한다. 예를 들어 '김정일 사후 북한의 권력체계가 어떻게 진행될 것인가?'에 대한 가설을 수립할 때, 신문에 난 기사를 바탕으로 생각한다. '북한이 이러이러하게 될 것이다. 그 근거는 이러이러하다.' 신문의 기사를 근거로 가설을 세웠으면, 그 다음에는 주간지나 월간지의 기사와 비교해 본다. 일간지의 목적과 주간지나 월간지의 목적은 다르다. 존재의 이유가 다르다는 얘기다. 일간지는 주로 '사후 정보'가 주류를 이룬다. 반면에 주간지나 월간지는 주로 '예측 정보'를 다룬다. 전문가의 분석을 통한 예측 기사가 주류를 이룬다. 신문의 기사를 바탕으로 가설을 세웠으면, 주간지나 월간지의 전문가 예측 기사와 무엇이 같고 무엇이 다른지 비교를 해보라. 그러면 그 차이를 확연히 알 수 있을 것이다. 그리고 날짜가 점차 지남에 따라 자신이 세운 가설이 실제로 맞았는지 틀렸는지 검증을 해 보아야 한다. 자신의 가설이 틀렸을 경우는 두 가지다. 첫째는 신문에 중요한 정보가 누락되어 있는 경우이다. 둘째는 신문에 실린 정보를 스스로 잘못 해석한 경우이다. 이러한 과정을 반복하다 보면 가설을 구축하고 검증하는 능력이 점점 발달한다.

직관력은 하루아침에 개발되는 것이 아니다. 젊을 때부터 체계적으로 지식과 경험을 쌓고, 그 경험을 관계의 인식을 통해 머릿속에 저장하고, 논리력과 가설검증력을 연마해야 비로소 생기는 것이다. 아무나 CEO가 되는 것은 아니지 않는가?

스티브 잡스 같은 천재들은 세상을 바꾸어 놓는다. 우리처럼 평범한 사람들이 세상을 바꿀 수는 없다. 혼자 힘으로 바꿀 수 있는 것은 자기 자신과 자기 자신의 미래밖에 없는 것 같다. 이 책이 독자들의 미래를 바꾸는데 조금이라도 도움이 되었으면 한다. 에디슨은 "천재란 1%의 영감과 99%의 땀으로 이루어진다."라고 말했다. 나는 이 말을 다음과 같이 이해한다.

"99%의 땀이 선행이 되어야 1%의 영감이 떠오른다."

부록

사례 1 가설검증형 기획의 프로세스
사례 2 기획서의 체제와 내용

| 사례 1. 가설검증형 기획의 프로세스 |

이슈트리

- **전사 재고 로스 감축을 위해 월간 폐기 로스 발생율을 줄일 수 있는가?**
  - **고객으로부터 발생하는 폐기상품을 줄일 수 있는가?**
    - 소비자 구매시점에서 불량 폐기상품을 줄일 수 있는가?
      - 각종 표시사항 오류에 의한 불량상품은?
      - 제품 기능상의 문제에 따른 불량 폐기상품은?
      - 제품 패키지 상의 문제에 따른 불량 폐기상품은?
    - 고객 취급 부주의 및 변심으로 인한 폐기상품을 줄일 수 있는가?
      - 안내데스크에서 일 평균 접수되는 건수는 얼마인가?
      - 주로 접수되는 고객 부주의 폐기상품에는 어떤 것이 있는가?
      - 패키지 개봉에 의한 폐기상품은 어떤 것이 있는가?
    - 검품과정에서 줄일 수 있는가?
      - 주로 파손되는 상품의 박스를 모든 근무자가 알고 있는가?
      - 쉽게 깨지는 상품의 상품 박스를 확인하고 있는가?
  - **상품 입점 시 발생하는 폐기상품을 줄일 수 있는가?**
    - 불량 패키지를 줄일 수 있는가?
      - 상품 바코드 오류에 의한 불량/폐기상품의 발생빈도는?
      - 주로 발생하는 패키지 불량 폐기상품의 유형은?
      - 패키지 오류에 의해 발생하는 상품에 대한 피드백을 하고 있는가?
    - 유통기한 관련 폐기상품을 줄일 수 있는가?
      - 상품 박스에는 제대로 유통기한이 기재되어 있는가?
      - 입점 시 유통기한을 확인하고 있는가?
    - 상품 진열 시 발생하는 폐기상품을 줄일 수 있는가?
      - 매장 진열 시 파손되는 폐기상품은 얼마나 되는가?
      - 매장 진열 시 주로 파손되는 상품은 어떤 것들인가?
      - 주류 또는 깨지는 상품의 폐기 정도는 얼마나 되는가?
  - **후방에서 발생하는 폐기상품을 줄일 수 있는가?**
    - 상품 운반 시 발생하는 폐기상품을 줄일 수 있는가?
      - 상품 운반도중 파손되는 유형에는 어떤 것이 있는가?
      - 매장근무자는 상품운반 시 주의사항을 알고 있는가?
      - 신규 채용되는 단기, 아르바이트 사원에 대해 지속적으로 상품 취급요령을 교육하고 있는가?
      - 상품 운반도구에 적재되는 상품량은 적정한가?
      - 상품 운반 도중에 발생하는 폐기상품에는 주로 어떤 것들이 있는가?
      - 상품 운반도구 관련 교육을 실시하고 있는가?
    - 후방에서 창고 진열 시 발생하는 폐기상품을 줄일 수 있는가?
      - 후방에 상품 적재 시 무거운 상품은 아래로, 가벼운 상품은 위로 적재하고 있는가?
      - 후방 앵글에 상품 적재 시 앵글 선반의 폭보다 튀어나오게 적재하고 있지는 않는가?

● 팩트 파인딩 ●

1차 팩트 파인딩 활동 내용

1. 품질표시 필수사항 누락 또는 미 표시로 인한 불량상품 접수가 간혹 있다.
2. 가전제품, 완구제품 위주로 작동 및 기능 불량상품이 있다.
3. 가전제품 부속품 미 회수로 인하여 폐기되는 상품이 있다.
4. 완구제품은 작동불량으로 접수되는 상품 중 20% 정도가 폐기된다.
5. 가공/일상 불량상품 접수 건수는 일 평균 30여 건이다.
6. 가공/일상 불량상품 접수유형은 품질불만, 패키지불량, 가격에 대한 불만 등이 있다.
7. 일 평균 10~15건 정도는 고객 부주의로 인한 교환, 환불로 폐기처리 된다.
8. 병 제품 위주로 패키지가 깨진 경우가 많다.
9. 비닐 패키지의 경우 비닐이 찢어져서 내용물이 나오는 폐기상품이 많다.
10. 유제품, 분유, 캔 상품, 햄·어묵과 같은 데일리 제품의 폐기상품이 많은 부분을 차지한다.
11. 신선식품 중에는 김치, 계란과 원·부재료의 폐기상품이 많은 부분을 차지한다.
12. 잘 파손되는 상품의 박스를 일부 근무자만 알고 있다.
13. 쉽게 깨지는 상품의 박스를 따로 취급하고 있지 않다.
14. 점포에 입점 시 파손되어 입점되는 경우도 있다.
15. 자사코드가 잘못 부착되어 입점되는 상품도 있다.
16. 비닐 패키지 제품의 패키지가 찢어지는 경우가 많다.
17. 소형 종이박스 상품 패키지의 패키지가 찌그러지는 경우가 많다.
18. 통조림, 캔음료, 분유제품은 찌그러질 경우 판매가 불가하다.
19. 준법관리자가 품질불량 상품에 대한 일별 피드백을 본사로 보내지 않고 있다.
20. 신선식품의 경우 상품 박스 겉면에 제조일자가 표기되어 있다.
21. 개별 상품에 유통기한 표시가 낱개로 되어 있으나 전수검사는 되지 않고 있다.
22. 입점 시 유통기한 점검은 신선상품 위주로 실시하고 있다.
23. 공산품의 제조일자는 확인하고 있지 않다.
24. 진열 시 파손되어 폐기되는 상품은 주로 주류, 종이패키지 상품, 캔 종류가 대부분이다.

1. 품질표시나 각종 표시사항과 관련한 원초적 불량에 의한 폐기상품이 존재한다.
   ▶ 해당사항: 1, 2, 4, 5, 15, 19

2. 고객으로부터 상품 회수 시 관련상품 전체를 회수하지 못해서 발생하는 폐기상품이 있다.
   ▶ 해당사항: 3

3. 상품의 유통기한과 관련한 폐기상품이 상당히 많다.
   ▶ 해당사항: 10, 11, 20, 21, 22, 23

4. 포장 및 패키지 불량에 의해 발생하는 폐기상품이 있다.
   ▶ 해당사항: 6, 9, 16

5. 패키지가 깨지거나, 찌그러짐으로 인해 발생하는 폐기상품이 많다.
   ▶ 해당사항: 8, 18, 25

6. 입점 시부터 파손되어 들어오는 폐기상품도 있다.
   ▶ 해당사항: 14, 17

1차 팩트 파인딩 활동 내용

25. 주류 등 깨지는 상품의 총 가격은 일 평균 2~4만원 수준이다.
26. 매장 내 근무자는 진열 시 주의사항 및 상품운반 시 준수사항을 잘 숙지하고 있으나 실천이 미비하다.
27. 상품 운반 시 운반 적정량에 대한 교육을 신규인력 투입 시마다 꾸준히 실시하고 있다.
28. 중량에 따라 적재/운반하는 방법을 100% 숙지하고 있으나 잘 이행되지 않고 있다.
29. 후방 창고 앵글의 깊이에 맞는 적재가 제대로 실시되고 있지 않다.

7. 후방 및 매장 내 운영 부주의로 발생하는 폐기상품이 많다.
   ▶ 해당사항: 24, 28, 29
8. 근무자의 업무와 관련된 폐기상품도 많다.
   ▶ 해당사항: 26, 27
9. 취급주의 요망 상품에 대한 관리지침을 잘 알지 못하고 있다.
   ▶ 해당사항: 12, 13

2차 팩트 파인딩 활동 내용

1. 품질표시나 각종 표시사항과 관련한 원초적 불량에 의한 폐기상품이 존재한다.
2. 고객으로부터 상품 회수 시 관련상품 전체를 회수하지 못해서 발생하는 폐기상품이 있다.
3. 상품의 유통기한과 관련한 폐기상품이 상당히 많다.
4. 포장 및 패키지 불량에 의해 발생하는 폐기상품이 있다.
5. 패키지가 깨지거나, 찌그러짐으로 인해 발생하는 폐기상품이 많다.
6. 입점 시부터 파손되어 들어오는 폐기상품도 있다.
7. 후방 및 매장 내 운영 부주의로 발생하는 폐기상품이 많다.
8. 근무자의 업무와 관련된 폐기상품도 많다.
9. 취급주의 요망 상품에 대한 관리지침을 잘 알지 못하고 있다.

1. 상품 입점 시부터 폐기될 개연성이 있는 상품이 입점되고 있다.
   ▶ 해당사항: 1, 6
2. 고객으로부터 인계되는 상품 중에서도 폐기상품이 있다.
   ▶ 해당사항: 2
3. 상품의 패키지 특성 별 취급요령이 현장에서 잘 실천되지 않고 있다.
   ▶ 해당사항: 4, 5
4. 상품 진열 및 운반 시 부주의 또는 근무자 업무미숙으로 인한 폐기상품이 많다.
   ▶ 해당사항: 7, 8
5. 상품관리 요령 및 주의사항에 대한 점내 근무자 교육을 제대로 실시하고 있지 않다.
   ▶ 해당사항: 3, 9

3차 팩트 파인딩 활동 내용

1. 상품 입점 시부터 폐기될 개연성이 있는 상품이 입점되고 있다.
2. 고객으로부터 인계되는 상품 중에서도 폐기상품이 있다.
3. 상품의 패키지 특성 별 취급요령이 현장에서 잘 실천되지 않고 있다.
4. 상품 진열 및 운반 시 부주의 또는 근무자 업무미숙으로 인한 폐기상품이 많다.
5. 상품관리 요령 및 주의사항에 대한 점내 근무자 교육을 제대로 실시하고 있지 않다.

입점 및 고객반품 상품의 확인이 제대로 되지 않는다
▶ 해당사항: 1, 2

패키지 관리 불량 또는 진열 및 운반 부주의로 폐기되는 상품이 많다
▶ 해당사항: 3, 4

점내 근무자의 상품관리 요령이 부족하다
▶ 해당사항: 5

〈기획과제〉
전사 월간 폐기 로스 발생률을 줄여야 한다

● 기획과제 명확화

전사 월간 폐기 로스 발생률을 줄여야 한다

- 입점 및 고객반품 상품의 확인이 제대로 되지 않는다
  - 상품 입점 시부터 폐기될 개연성이 있는 상품이 입점되고 있다
  - 고객으로부터 인계되는 상품 중에서도 폐기상품이 있다
- 패키지 관리 불량 또는 진열 및 운반 부주의로 폐기되는 상품이 많다
  - 상품의 패키지 특성 별 취급요령이 현장에서 잘 실천되지 않고 있다
  - 상품 진열 및 운반 시 부주의 또는 근무자 업무 미숙으로 인한 폐기 상품이 많다
- 점내 근무자의 상품관리 요령이 부족하다
  - 상품관리 요령 및 주의사항에 대한 점내 근무자 교육을 제대로 실시하고 있지 않다

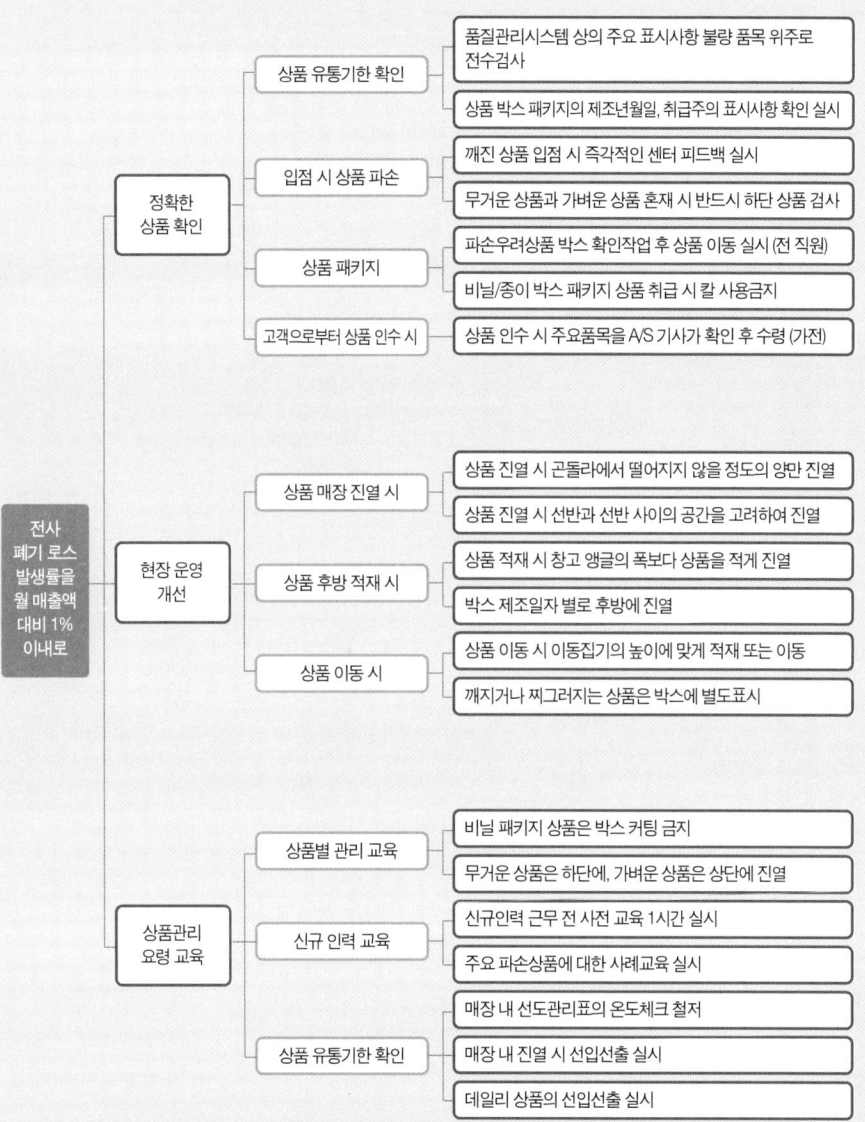

| 사례 2. 기획서의 체제와 내용 |

구 분			내 용
도입부	표지	기획의 타이틀, 입안자, 작성년월일	▶ 목적과 범위를 포함하여 짧게 - 쉽고 흥미를 느낄 수 있도록 - 부제와 슬로건도 생각한다 ▶ 팀명, 대표자명, 팀원명 ▶ 원칙적으로 제안 제출의 년월일
	안겉장	머리말, Summary	▶ 인사말, 서장, 서문, 기획의 경위(외부 외뢰라면 머리말, 사내라면 Summary)
		목차	▶ 장(章)뿐만 아니라 절(節)까지
중심부	방침계획	기획의 목적, 배경, 과제	▶ 목적, 목표를 기술한다 ▶ 현상분석이나 미래예측을 제시한다 ▶ 경영방침, 전략과의 합리성 등을 언급 ▶ 기획의 과제를 기술한다
		기대효과	▶ 실행결과의 기대효과, 예측효과, 내외에 미치는 영향
		기획의 개요	▶ 기획 컨셉 - 기획의 전체 이미지, 핵심 아이디어 - 강하고 극적으로 표현(도해, 설계도, 차트 등) ▶ 전체 스토리의 포인트, 기본 구상 안
	운영계획	실행계획	▶ 기획 스케줄, 시간표(Time Table), 일정 계획 - 착수부터 종료까지 순서와 기간, 세부작업, 인원 등을 명시
		예산	▶ 기획예산, 소요경비의 산출과 자금조달 방법
		조직화 계획	▶ 주와 보
보조부		리스크 대책	▶ 기획 추진 시 문제점과 대응책
		대체 안	▶ 2, 3안이 있는 경우에는 개요와 장단점 비교
		관련 자료	▶ 기획입안을 위한 조사 및 통계자료 ▶ 타사 사례 ▶ 참고문헌 리스트

기획이란 무엇인가

초 판 1쇄 발행 2012년 2월 20일
　　　13쇄 발행 2023년 2월 24일

지은이 길영로
펴낸이 박경수
펴낸곳 페가수스

등록번호 제2011-000050호
등록일자 2008년 1월 17일
주　소 서울시 노원구 월계로 334, 720호
전　화 070-8774-7933
팩　스 02-6442-7933
이 메 일 editor@pegasusbooks.co.kr

ISBN 978-89-94651-03-3 03320

ⓒ길영로, 2012.
이 책은 저작권법에 따라 보호받는 저작물이므로 무단 전재와 무단 복제를 금지하며,
이 책 내용의 전부 또는 일부를 이용하려면 반드시 저작권자와 도서출판 페가수스의
서면동의를 받아야 합니다.

이 도서의 국립중앙도서관 출판예정도서목록(CIP)은 서지정보유통지원시스템 홈페이
지(http://seoji.nl.go.kr)와 국가자료공동목록시스템(http://www.nl.go.kr/kolisnet)에서
이용하실 수 있습니다.(CIP제어번호: CIP2012000500)

※잘못된 책은 바꾸어 드립니다.
※책값은 뒤표지에 있습니다.